The *Big* Guitar Chord Songbook

More Seventies Hits

This publication is not authorised for sale in
the United States of America and/or Canada

Wise Publications
London/New York/Paris/Sydney/Copenhagen/Berlin/Madrid/Tokyo

KT-175-834

Published by:
Wise Publications
8/9 Frith Street, London, W1D 3JB, England.

Exclusive Distributors:
Music Sales Limited
Distribution Centre, Newmarket Road, Bury St Edmunds, Suffolk, IP33 3YB, England.
Music Sales Pty Limited
120 Rothschild Avenue, Rosebery, NSW 2018, Australia.

Order No. AM91932
ISBN: 0-7119-4048-7
This book © Copyright 2006 by Wise Publications,
a division of Music Sales Limited.

Edited by David Harrison.
Music processed by Paul Ewers Music Design.
Compiled by Nick Crispin.

Printed in the United Kingdom by
Caligraving Limited, Thetford, Norfolk.

www.musicsales.com

All Around My Hat

Traditional

Chord diagrams: D, A/C#, A, E, G, Bm, F#, G*, F, C

Chorus 1

N.C.
All around my hat I will wear the green willow,

And all around my hat for a twleve-month and a day.

And if anyone should ask me the reason why I'm wearing it,

It's all for my true love who's far, far away.

Verse 1

D   A/C#   D   A
Fare thee well cold winter and fare thee well cold frost,
    D   A/C#   D   E   A/C#
For nothing have I gained but my own true love I've lost.
    A   D   G   Bm
I'll sing and I'll be merry when oc - casion I do see,
      D   A/C#   D   A/C#   D
He's a false de - luded young man, let him go farewell he.

Verse 2

D   A/C#   D   A
The other night he brought me a fine diamond ring,
      D   A/C#   D   E   A/C#
But he thought to have de - prived me a far better thing.
    A   D   G   Bm
But I, being careful like lovers ought to be,
      D   A/C#   D   A/C#   D
He's a false de - luded young man, let him go farewell he.

Chorus 2

   D A/C#   D F# G* D   A/C#
And all a - round my hat I will wear the green willow,

   D A/C#   D F# G* D   E A/C#
And all a - round my hat for a twelve-month and a day.

   A   D   G   Bm
And if anyone should ask me the reason why I'm wearing it,

A D A/C# D   A/C# D
It's all for my true love who's far, far a - way.

Interlude | F C | F | C G |

        | C | A E | A   ‖

Verse 3

    D A/C#   D   A
Here's a quarter pound of reasons, and a half pound of sense,

  D A/C# D   E   A
A small sprig of time and as much of pru - dence.

          D   G   Bm
You mix them all to - gether and you will plainly see,

    D A/C# D   A/C# D
He's a false de - luded young man, let him go farewell he.

Chorus 3 As Chorus 2

Chorus 4

N.C.
All around my hat I will wear the green willow,

And all around my hat for a twelve-month and a day.

And if anyone should ask me the reason why I'm wearing it,

It's all for my true love who's far, far away.

Chorus 5

D A/C#   D   A
All a - round my hat I will wear the green willow,

   D A/C#   D   E A
And all a - round my hat for a twelve-month and a day.

          D   G   Bm
And if anyone should ask me the reason why I'm wearing it,

A D A/C# D   A/C# D
It's all for my true love who's far, far a - way.

Apeman

Words & Music by Ray Davies

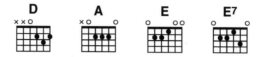

Intro |D A E|D E A ‖

Verse 1

A
   I think I'm so sophisticated

                                E
'Cause I'm living my life like a good homo sapien

    A
But all around me everybody's multiplying

        E
And they're walking round like flies man.

     D   **A**
So I'm no better than the animals sitting in their cages

In the zoo, man.

'Cause compared to the flowers and the birds and the trees

E   **A**
I am an apeman.

Verse 2

     A
I think I'm so educated and I'm so civilized

       E
'Cause I'm a strict vegetarian.

       A
But with the over-population and inflation and starvation

      E
And the crazy politicians.

   D
I don't feel safe in this world no more,

   A
I don't wanna die in a nuclear war,

                 E   **A**
I wanna sail away to a distant shore and make like an apeman.

Chorus 1

A
I'm an apeman, I'm an ape apeman,

     E
Oh I'm an apeman.

   A
I'm a King Kong man, I'm a voodoo man,

     E
Oh I'm an apeman.

   D
'Cause compared to the sun that sits in the sky,

 A
Compared to the clouds as they roll by,

Compared to the bugs and the spiders and flies,

E   **A**
I am an apeman.

Link 1 | **D A E** | **D E A** ‖

Verse 3

       (A)   **(E)**
(Spoken) In man's evolution he has created the cities

                     (A)
And the motor traffic rumble, but give me half a chance

             (E)
And I'd be taking off my clothes and living in the jungle.

             D
(Sung) 'Cause the only time that I feel at ease

    A
Is swinging up and down in a coconut tree,

               E   **A**
Oh what a life of luxury to be like an ape man.

Chorus 2

A
I'm an apeman, I'm an ape apeman,

     E
Oh I'm an apeman.

    A
I'm a King Kong man, I'm a voodoo man,

     E
Oh I'm an apeman.

 D
I look out the window, but I can't see the sky

   A
The air pollution is a-fogging up my eyes

I wanna get out of this city alive

    E   **A**
And make like an apeman.

Link 2

D   **A**
La la la la la la la.

‖ **D E A** ‖

Bridge

      E⁷   **A**
Come and love me, be my apeman girl

             E⁷   **A**
And we'll be so happy in my apeman world.

Chorus 3   I'm an ape man, I'm an ape apeman,

         E

Oh I'm an apeman.

    A

I'm a King Kong man, I'm a voodoo man,

       E

I'm an apeman.

D

I'll be your Tarzan, you'll be my Jane,

A

I'll keep you warm and you'll keep me sane

And we'll sit in the trees and eat bananas all day

E   **A**

Just like an apeman.

    A

Chorus 4   I'm an apeman, I'm an ape apeman,

        E

Oh I'm an apeman.

     A

I'm a King Kong man, I'm a voodoo man,

        E

Oh I'm an apeman.

   D

I don't feel safe in this world no more,

   A

I don't wanna die in a nuclear war.

I wanna sail away to a distant shore

     E   **A**

And make like an apeman.

    D   **A**

Link 3   La la la la la la la.

‖ **E**   **A** ‖

Blockbuster

Words & Music by Nicky Chinn & Mike Chapman

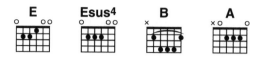

Intro

| E Esus⁴ E ‖ E Esus⁴ E | E Esus⁴ E | E Esus⁴ E ‖

| E Esus⁴ E | E Esus⁴ E | E Esus⁴ E | E Esus⁴ E ‖

       E Esus⁴ E Esus⁴   E Esus⁴ E Esus⁴
Aah, aah_____ Aah, aah_____

Verse 1

   E   Esus⁴ E   Esus⁴
You better beware,   you better take care

   E   Esus⁴ E   Esus⁴
You better watch out if you've got   long black hair

   E   Esus⁴ E   Esus⁴
He'll come from behind,   you go out of your mind

   E   Esus⁴ E   Esus⁴
You'd better not go, you'd never know what you'll find

    E Esus⁴ E Esus⁴ E   Esus⁴ E Esus⁴ (E)
Aah, aah_____ Aah, aah _____ Aah aah

Verse 2

   E   Esus⁴ E   Esus⁴
You look in his eyes,   don't be surprised

   E   Esus⁴ E   Esus⁴
If you don't know what's going on behind his disguise

   E   Esus⁴ E   Esus⁴
Nobody knows   where Buster goes,

   E   Esus⁴ E
He'll steal your woman out from under your nose.

Chorus 1

      B
Does anyone know the way, did we hear someone say

   E
   "We just haven't got a clue what to do "

cont.

              B   B
Does anyone know the way, there's got to be a way

          E
To Block Buster!

Verse 3

    Esus4 E   Esus4 E   Esus4
      The cops are out,   they're running about

    E   Esus4 E   Esus4
      Don't know if they'll ever be able to   Block Buster out

    E   Esus4 E   Esus4
      He's gotta be caught,   he's gotta be taught

    E   Esus4 E
    'Cause he's more evil than anyone here ever thought

Chorus 2

              B   B
Does anyone know the way, did we hear someone say

   E   E
   "We just haven't got a clue" - ow!

             B   B
Does anyone know the way, there's got to be a way

          E
To Block Buster!

Instrumental | E | E | E B | E B | E B E B | E   ‖

Chorus 3

             B   B
Does anyone know the way, did we hear someone say

   E   (N.C)
   "We just haven't got a clue what to do"

             B   A
Does anyone know the way, there's got to be a way

          E   E
To Block Buster!

Outro

  ‖: E Esus4 E | E Esus4 E | E Esus4 E | E Esus4
                                            Ahh

  E   Esus4 E Esus4 E   Esus4 E   Esus4 E
  Aah,   aah, aah,   aah, ahh

  E   Esus4 E
  Buster, Buster,   to Block Buster!

  E   Esus4 E
  Buster, Buster,   to Block Buster!

  E   Esus4 E
  Buster, Buster,   to Block Buster! :‖ *Repeat to fade*

Bye Bye Baby
(Baby Goodbye)

Words & Music by Bob Crewe & Bob Gaudio

Am   Am(maj7)   Am7/G   G   F

Em   Dm   C   Caug   C6   C7

E   F#m   B   Aroot   Broot   D

Intro

   Am   **Am(maj7)**   **Am7/G** **G** **F**
   If you hate me after all I say

              Em **Dm**   **G**
Can't put it off any longer

C   **Caug**   **C6**   **C7**
I just gotta tell her you anyway

Chorus 1

E   **F#m**   **B**
   Bye bye baby, baby good - bye
            (Bye baby, baby bye bye)

E   **F#m**
   Bye bye baby, baby don't make me cry
                     B
         (Bye baby, baby bye bye)

Verse 1

G
   You're the one girl in town I'd marry

              Aroot **Broot** **C**
Girl I'd marry you now if I   were free

            G **D**
I wish it could be___

Verse 2

G
   I could love you but why begin it

                Aroot **Broot**
'Cause there ain't any future in   it

C   **Caug** **C6**   **C7**
(She's got me and I'm not free so)

Chorus 2   As Chorus 1

Verse 3

      G
     Wish I never had known you better
                    Aroot Broot
    Wish I knew you before I met   her
    C   **G**   **D**
    Gee, how good you would be for me

Verse 4

      G
     Should have told you that I can't linger
                     Aroot Broot
    There's a wedding ring on my fin - ger
    C   **Caug**   **C6**   **C7**
    She's_____
    (She's got me and I'm not free so)

Chorus 3   As Chorus 1

Instr   ‖: E | E | F♯m | B   :‖
                                  Bye baby   baby bye bye

Outro   ‖: G | G | Am | D   :‖ *Repeat to fade*
        Baby   Bye   Bye
                       (Bye baby, baby bye bye)

Are 'Friends' Electric?

Words & Music by Gary Numan

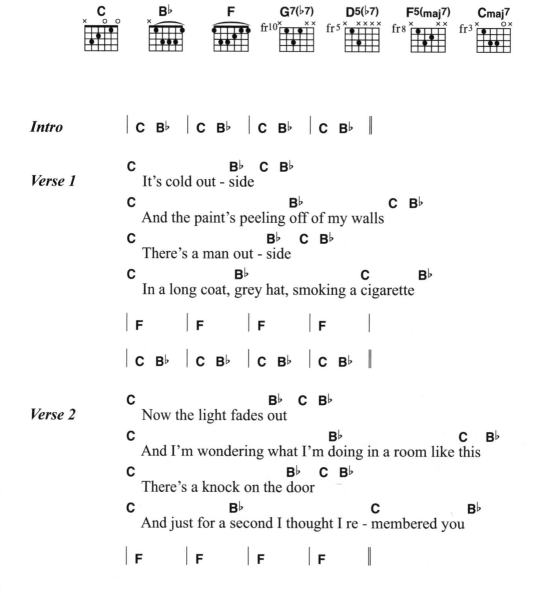

Intro | C B♭ | C B♭ | C B♭ | C B♭ ‖

Verse 1

C   B♭ C B♭
It's cold out - side

C   B♭   C B♭
And the paint's peeling off of my walls

C   B♭ C B♭
There's a man out - side

C   B♭   C   B♭
In a long coat, grey hat, smoking a cigarette

| F | F | F | F | |

| C B♭ | C B♭ | C B♭ | C B♭ ‖

Verse 2

C   B♭ C B♭
Now the light fades out

C   B♭   C B♭
And I'm wondering what I'm doing in a room like this

C   B♭ C B♭
There's a knock on the door

C   B♭   C   B♭
And just for a second I thought I re - membered you

| F | F | F | F ‖

Bridge 1   ‖: G5($\flat$7)   D5($\flat$7) | F5(maj7) Cmaj7 :‖

G5($\flat$7)   D5($\flat$7)
    So now I'm a - lone

                F5(maj7)   Cmaj7
Now I can think for myself

G5($\flat$7)   D5($\flat$7)
    About little deals and issues

F5(maj7)   Cmaj7
    And things that I just don't understand

G5($\flat$7)   D5($\flat$7)
    Like a white lie that night

F5(maj7)   Cmaj7
    Or a slight touch at times

G5($\flat$7) D5($\flat$7) F5(maj7)   Cmaj7
                    I don't think it meant anything to you

| G5 F5 | C5 | G5 F5 | C5 |

| G5 F5 | C5 | G5 F5 ‖

| C B$\flat$ | C B$\flat$ | C B$\flat$ | C B$\flat$ ‖

Verse 3

C   B$\flat$ C B$\flat$
    So I open the door

C   B$\flat$ C B$\flat$
    It's the 'friend' that I'd left in the hallway

C   B$\flat$ C B$\flat$
    Please sit down

C   B$\flat$ C   B$\flat$
    A candle lit a shadow on a wall near the bed

| F | F | F | F |

| C B$\flat$ | C B$\flat$ | C B$\flat$ | C B$\flat$ ‖

Verse 4

C   B♭ C B♭
You know I hate to ask

C   B♭   C B♭
But, are 'friends' electric?

C   B♭   C B♭
Mine's broke down

C B♭   C   B♭
And now I've no one to love

| F | F | F | F | ‖

| C B♭ | C B♭ | ‖

| F | F | F | F | ‖

Bridge 2

‖: G5(♭7)   D5(♭7) | F5(maj7) Cmaj7 :‖

G5(♭7)   D5(♭7)
So I find out your reason

              F5(maj7)   Cmaj7
For the phone calls and smiles

G5(♭7)   D5(♭7)
And it hurts, and I'm lonely

              F5(maj7)   Cmaj7
And I should never have tried

G5(♭7)   D5(♭7)
And I missed you to - night

F5(maj7)   Cmaj7
So it's time to leave

G5(♭7) D5(♭7) F5(maj7)   Cmaj7
You see this means everything to me

| G5 F5 | C5 | G5 F5 | C5 | |

| G5 F5 | C5 | G5 F5 ‖

Outro

‖: C B♭ | C B♭ | C B♭ | C B♭ :‖ *Repeat to fade*

16

Can't Stand Losing You

Words & Music by Sting

Dm   Gm   Am   B♭   F

C   G   Asus⁴   B♭9   C9

Intro

| Dm Gm | Dm Gm | Dm Gm | Dm Gm ‖

Verse 1

Dm   **Am**   **Gm**
Called you so many times today

Dm   **Am**   **Gm**
And I guess it's all true what your girl friends say,

Dm   **Am**   **Gm**
That you don't ever want so see me again,

Dm   **Am**   **Gm**
And your brother's gonna kill me and he's six foot ten,

B♭   **F**   **B♭**   **F**
I guess you'd call it cowardice

      C   **G**   **C** **Asus⁴**
But I'm not prepared to go on like this.

Chorus 1

B♭
I can't, I can't, I can't stand losing,

Gm
I can't, I can't, I can't stand losing,

Asus⁴   **Dm**   **Gm**
I can't, I can't, I can't, I can't stand losing you,

Dm   **Gm** **Dm** **Gm**
   I can't stand losing you,

Dm **Gm**   **Dm** **Gm**
   I can't stand losing you,

Dm **Gm**   **Dm**   **Gm**   **Dm Gm**
   I can't stand losing you.

Verse 2

    Dm   Am   Gm
I see you've sent my letters back,

       Dm Am   Gm
And my L.P. records and they're all scratched.

   Dm   Am   Gm
I can't see the point in another day,

     Dm   Am   Gm
When nobody listens to a word I say.

       Bb   F   Bb   F
You can call it lack of confidence

        C   G   C   Asus4
But to carry on living doesn't make no sense.

Chorus 2

   Bb
I can't, I can't, I can't stand losing,

   Gm
I can't, I can't, I can't stand losing,

   Asus4
I can't, I can't, I can't stand losing,

   Bb
I can't, I can't, I can't stand losing,

   Gm
I can't, I can't, I can't stand losing,

   Asus4
I can't, I can't, I can't stand losing.

Instrumental   ‖: Bb9 | Bb9 | C9 | C9   :‖

Middle

   Dm
I guess this is our last goodbye,

And you don't care so I won't cry,

And you'll be sorry when I'm dead

And all this guilt will blow your head.

   Bb   F   Bb F
I guess you'd call it suicide

     C   G   C   Asus4
But I'm too full to swallow my pride.

Chorus 3

B♭
I can't, I can't, I can't stand losing,

Gm
I can't, I can't, I can't stand losing,

Asus⁴
I can't, I can't, I can't stand losing,

B♭
I can't, I can't, I can't stand losing,

Gm
I can't, I can't, I can't stand losing,

Asus⁴
I can't, I can't, I can't stand losing,

Outro

C
‖: I can't, I can't, I can't stand losing,

Asus⁴
I can't, I can't, I can't stand losing,

B♭
I can't, I can't, I can't stand losing. :‖ *Repeat to fade*

Crazy Horses

Words & Music by Alan Osmond, Merrill Osmond & Wayne Osmond

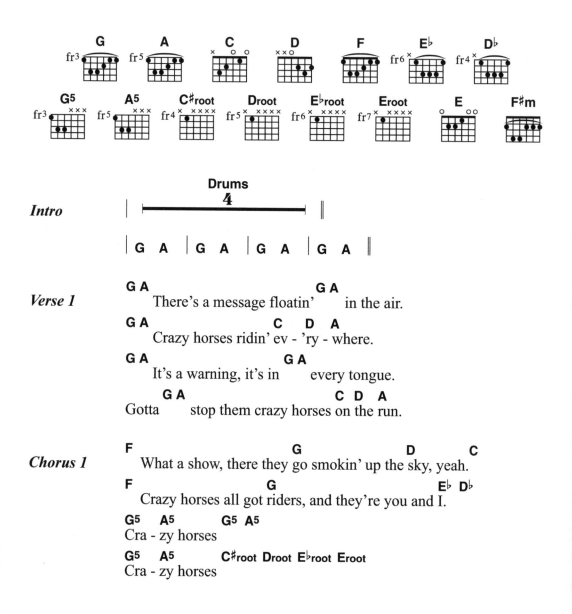

Intro

Drums
4

| G A | G A | G A | G A |

Verse 1

    G A   G A
There's a message floatin'   in the air.

    G A   C   D   A
Crazy horses ridin' ev - 'ry - where.

    G A   G A
It's a warning, it's in   every tongue.

         G A   C D A
Gotta   stop them crazy horses on the run.

Chorus 1

    F   G   D   C
What a show, there they go smokin' up the sky, yeah.

    F   G   Eb Db
Crazy horses all got riders, and they're you and I.

G5   A5   G5 A5
Cra - zy horses

G5   A5   C#root Droot Ebroot Eroot
Cra - zy horses

Verse 2

G A   G A
     Never stop and they   never die.

             G A   C   D A
They just   keep on puffin' how they mul - ti - ply.

G A   G A
     Crazy horses, will they   never halt?

           G A   C   D A
If they   keep on movin' then it's all our fault.

Chorus 2

   F   G   D   C
     What a show, there they go smokin' up the sky, yeah.

   F   G   E♭ D♭
     Crazy horses all got riders, and they're you and I.

Instr

G	A	G	A	G	A	G	A
G	A	G	A	G	A	G	A

Bridge

     D   E
So take a good look a - round,

                        F♯m   G
See what they've done, what they've done

They've done

They've done

They've done

They've done.

‖: G5   A5 | G5   A5   :‖ *Repeat to fade*
Crazy   horses

Cum On Feel The Noize

Words & Music by Jim Lea & Noddy Holder

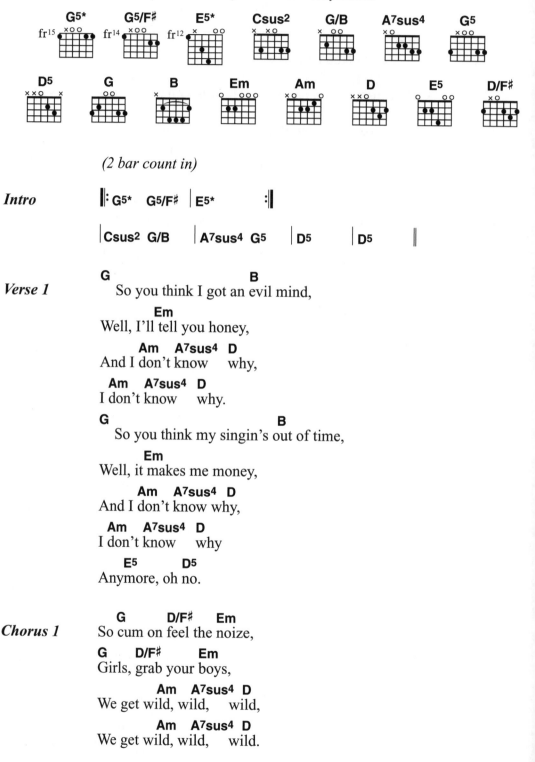

(2 bar count in)

Intro

‖: G5* G5/F♯ | E5* :‖

| Csus2 G/B | A7sus4 G5 | D5 | D5 ‖

Verse 1

G   B
   So you think I got an evil mind,

   Em
Well, I'll tell you honey,

   Am A7sus4 D
And I don't know   why,

  Am A7sus4 D
I don't know   why.

G   B
   So you think my singin's out of time,

   Em
Well, it makes me money,

   Am A7sus4 D
And I don't know why,

  Am A7sus4 D
I don't know   why

  E5   D5
Anymore, oh no.

Chorus 1

  G   D/F♯   Em
So cum on feel the noize,

G   D/F♯   Em
Girls, grab your boys,

  Am A7sus4 D
We get wild, wild,   wild,

  Am A7sus4 D
We get wild, wild,   wild.

cont.

   G D/F♯ Em
So cum on feel the noize,

   G D/F♯   Em
Girls, grab your boys,

      Csus² G/B A⁷sus⁴ G⁵
We get wild, wild, wild

     D
Until dawn.

Verse 2

    G   B
  So you say I got a funny face,

      Em
I ain't got no worries,

    Am A⁷sus⁴ D
And I don't know why,

    Am A⁷sus⁴ D
And I don't know why.

    G   B
  Say I'm a scumbag well it's no disgrace,

      Em
I ain't in no hurry

    Am A⁷sus⁴ D
And I don't know why,

     Am A⁷sus⁴ D
I just don't know why

     E⁵   D⁵
Anymore, oh no.

Chorus 2   As Chorus 1

Instrumental ‖: G⁵* G⁵/F♯ | E⁵*   :‖

      | Csus² G/B | A⁷sus⁴ G⁵ | D⁵ | D⁵ ‖

Comfortably Numb

Words & Music by David Gilmour & Roger Waters

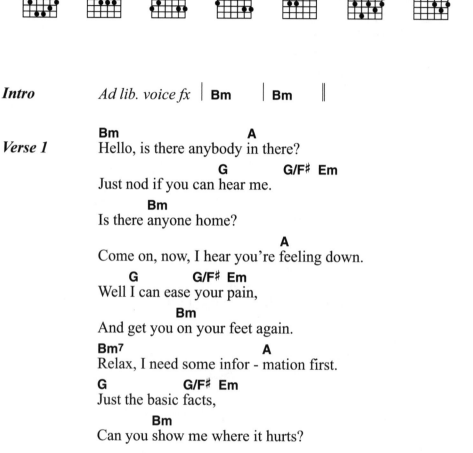

Intro   *Ad lib. voice fx* | **Bm** | **Bm** ‖

Verse 1

    Bm   **A**
Hello, is there anybody in there?

                  G   **G/F♯ Em**
Just nod if you can hear me.

      Bm
Is there anyone home?

                      A
Come on, now, I hear you're feeling down.

G   **G/F♯ Em**
Well I can ease your pain,

       Bm
And get you on your feet again.

Bm⁷   **A**
Relax, I need some infor - mation first.

G   **G/F♯ Em**
Just the basic facts,

       Bm
Can you show me where it hurts?

Chorus 1

D   A D
There is no pain, you are re - ceding,

            A
A distant ship's smoke on the ho - rizon.

C   G
 You are only coming through in waves,

   C   G
Your lips move but I can't hear what you're sayin'.

    D   A
When I was a child I had a fever,

   D   A
My hands felt just like two bal - loons.

C   G
Now I got that feeling once a - gain,

          C
I can't explain, you would not understand,

      G
This is not how I am.

A C   G   D
I___ have be - come comfortably numb.

Solo

| Em⁹ | Em⁹ | Em⁹ | Em⁹ |

| Em⁹ | Em⁹ | Em⁹ | Em⁹ ‖

Verse 2

A C   G   D
I___ have be - come comfortably numb.

Bm   A
Ok, just a little pinprick,

          G G/F♯ Em
There'll be no more, (ah!_____)

      Bm
But you may feel a little sick.

Can you stand up?

      A
I do believe it's working, good.

       G   G/F♯ Em
That'll keep you going for the show,

   Bm
Come on it's time to go.

Chorus 3

     D   **A**   **D**
There is no pain, you are re - ceding,

                       A
A distant ship's smoke on the ho - rizon.

C   **G**
You are only coming through in waves,

     C   **G**
Your lips move but I can't hear what you're sayin'.

      D   **A**   **D**
When I was a child I caught a fleeting glimpse,

            A
Out of the corner of my eye.

C   **G**
I turned to look but it was gone,

              C
I cannot put my finger on it now,

           G
The child is grown, the dream is gone.

A C   **G**   **D**
I___ have be - come comfortably numb.

Solo   ‖: **Bm** | **A** | **G G/F♯ Em** | **Bm**   :‖ *Play 7 times then fade*

Devil Woman

Words & Music by Marty Robbins

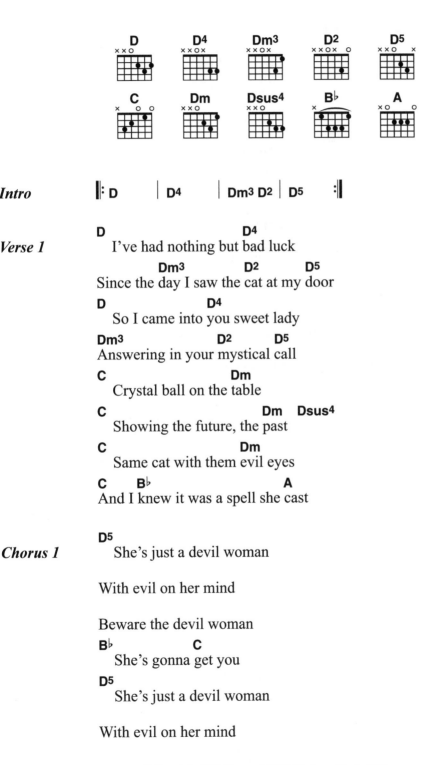

Intro
‖: D | D4 | Dm3 D2 | D5 :‖

Verse 1

D   D4
 I've had nothing but bad luck
    Dm3   D2   D5
Since the day I saw the cat at my door
D   D4
 So I came into you sweet lady
Dm3   D2   D5
Answering in your mystical call
C   Dm
 Crystal ball on the table
C   Dm Dsus4
 Showing the future, the past
C   Dm
 Same cat with them evil eyes
C B♭   A
And I knew it was a spell she cast

Chorus 1

D5
 She's just a devil woman

With evil on her mind

Beware the devil woman
B♭   C
 She's gonna get you
D5
 She's just a devil woman

With evil on her mind

cont   Beware the devil woman

B♭   **C**   **D** | **D4** | **Dm3 D2** | **D5**   ‖
She's gonna get you from be - hind

                D   **D4**
Verse 2   Give me the ring on your finger

Dm3   **D2**   **D5**
Let me see the lines on your hand

D   **D4**
I can see me a tall dark stranger

Dm3   **D2**   **D5**
Giving you what you hadn't planned

C   **Dm**
I drank the potion she offered me

C   **Dm**   **Dsus4**
I found myself on the floor

C   **Dm**
Then I looked into those big green eyes

C   **B♭**   **A**
And I wondered what I'd come there for

                D5
Chorus 2   She's just a devil woman

With evil on her mind

Beware the devil woman

B♭   **C**
She's gonna get you

D5
She's just a devil woman

With evil on her mind

Beware the devil woman

B♭   **C**   **B♭ C B♭ C**
She's gonna get you from be - hind

| **D** | **D4** | **Dm3 D2** | **D5**   ‖
Stay awake, look out

Verse 3

D   D4
     If you're out on a moonlit night

     Dm3   D2   D5
Be careful of them neighbourhood strays

D   D4
     Of a lady with long black hair

     Dm3   D2   D5
Tryin' to win you with her feminine ways

C   Dm
     Crystal ball on the table

C   Dm   Dsus4
     Showing the future, the past

C   Dm   C
     Same cat with them evil eyes

     B♭   A
You'd better get out of there fast

Outro

     D5
‖:   She's just a devil woman

With evil on her mind

Beware the devil woman

B♭   C
     She's gonna get you

D5
     She's just a devil woman

With evil on her mind

Beware the devil woman

B♭   C
     She's gonna get you :‖ *Repeat to fade*

Dreadlock Holiday

Words & Music by Eric Stewart & Graham Gouldman

Gm fr3   **Dm** fr5   **Cm** fr3   **F**   **E♭** fr6   **B♭**

A♭m fr4   **E♭m** fr6   **D♭m** fr4   **G♭**   **E**   **B**

Intro
| Gm Dm | Cm | Gm Dm | Cm |
| Gm | Cm | Gm | Cm   ‖

Verse 1

      Gm   **Cm**
I was walkin' down the street

          Gm   **Cm**
Concen - tratin' on truckin' right

          Gm   **Cm**
I heard a dark voice beside of me

              Gm   **Cm**
And I looked round in a state of fright

            Gm
I saw four faces one mad

   Cm
A brother from the gutter

       Gm
They looked me up and down a bit

     Cm
And turned to each other

| Gm Dm | Cm | Gm Dm | Cm |

Chorus 1

(Cm)
I say

        Gm   **F E♭**
I don't like cricket oh no

Dm Cm   **Dm E♭**
  I love it

        Gm   **F E♭**
I don't like cricket oh no

Dm Cm   **Dm E♭**
  I love it

     B♭
Don't you walk thru my words

You got to show some respect

Don't you walk thru my words

               D
'Cause you ain't heard me out yet

| **Gm Dm** | **Cm** | | **Gm Dm** | **Cm** | |

Verse 2

        Gm
Well he looked down at my silver chain

Cm   **Gm**   **Cm**
  He said I'll give you one dollar

        Gm   **Cm**
I said you've got to be jokin' man

      Gm   **Cm**
It was a present from their Mother

      Gm
He said I like it I want it

F   **E♭**
  I'll take it off your hands

        Gm   **F**
And you'll be sorry you crossed me

    E♭   **Gm** **F**
You'd better understand that you're a - lone

E♭   **Gm** **F E♭**
  A long way from home

Chorus 2   And I say

                              Gm   F   E♭
                I don't like reggae no no
                Dm Cm   Dm E♭
                I   love it

                              Gm   F   E♭
                I don't like reggae
                Dm Cm   Dm E♭
                I   love it

                              B♭
                Don't you cramp me style

                Don't you queer on me pitch

                Don't you walk thru my word

                                              D
                'Cause you ain't heard me out yet

                | **Gm   Dm** | **Cm** | **Gm   Dm** | **Cm** |

                                    A♭m   **E♭m D♭m**
Verse 3   I hurried back to the swimming pool
                E♭m   A♭m   **E♭m D♭m**
                Sinkin' pina coladas
                                    A♭m   **E♭m D♭m**
                I heard a dark voice beside me say
                         E♭m A♭m   **E♭m D♭m**
                Would you   like something harder
                         E♭m   A♭m
                She said I've got it you want it
                G♭   E
                   My harvest is the best
                G♭   A♭m
                And if you try it you'll like it
                G♭   E   **G♭   A♭m E♭m**
                   And wallow in a Dreadlock Holi - day

                | **D♭m E♭m** | **A♭m E♭m** | **D♭m**   ‖

32

Chorus 3   And I say

                        A♭m   G♭ E
        Don't like Ja - maica oh no
        E♭m D♭m   E♭m E
          I   love her

                        A♭m   G♭ E
        Don't like Ja - maica oh no
        E♭m D♭m E♭m E
        I love her   oh   yea

              B
        Don't you walk thru her words

        You got to show some respect

        Don't you walk thru her words
                                E♭
        'Cause you ain't heard her out yet

        | **A♭m E♭m** | **D♭m** | **A♭m E♭m** | **D♭m**   ‖

Outro
        (D♭m)   A♭m   D♭m
        I don't like cricket
          A♭m   **D♭m**
        I love it (Dreadlock Holiday)
                  A♭m   D♭m
        I don't like reggae
          A♭m   **D♭m**
        I love it (Dreadlock Holiday)
                  A♭m   D♭m
        Don't like Ja - maica
          A♭m   **D♭m**
        I love her (Dreadlock Holiday)   *Fade*

Don't Give Up On Us

Words & Music by Tony Macaulay

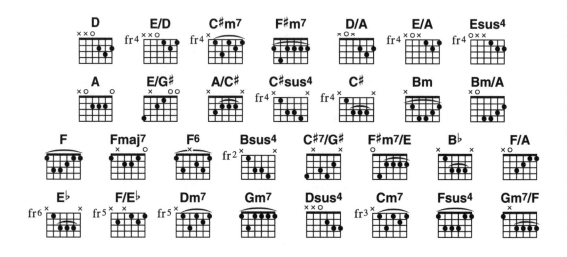

Intro | D | E/D | C#m7 |

| F#m7 | D/A E/A | Esus4   ‖

(Don't give)

Verse 1

     N.C.   A   E/G#
Don't give up on us, baby,

                D   E/D
Don't make the wrong seem right,

     C#m7   F#m7   D
The future isn't just one night.

               A/C#   D
It's written in the moonlight

              A/C#
And painted on the stars,

          D   Esus4
We can't change ours.

Verse 2

```
             N.C.         A                  E/G#
```
Don't give up on us, baby,
```
                         D         E/D
```
We're still worth one more try.
```
   C#m7                        F#m7    D
```
I know we put a last one by
```
                 A/C#       D
```
Just for a rainy evening,
```
                        C#sus4  C#
```
When maybe stars are few.
```
             Bm        Bm/A    Esus4
```
Don't give up on us, I know
```
                     A
```
We can still come through.

Bridge

```
     F                      Fmaj7  F6
```
I really lost my head last night,
```
         Bsus4               A
```
You've got a right to stop be - lieving.
```
         C#7/G#     F#m7         Esus4  F  Esus4
```
There's still a little love left, even so.

Verse 3

```
             N.C.         A                  E/G#
```
Don't give up on us, baby,
```
                     D         E/D
```
Lord knows we've come this far.
```
   C#m7                        F#m7    D
```
Can't we stay the way we are?
```
                 A/C#
```
The angel and the dreamer
```
             D                 C#sus4  C#
```
Who sometimes plays a fool.
```
             Bm                Esus4
```
Don't give up on us, I know
```
                     (A)
```
We can still come through.

Instr. | **A** | **E/G♯** | **F♯m7** | **F♯m7/E** |
(through._____)

| **D** | **E/D** | **C♯m7** | **F♯m7** ‖

Verse 4

D   **A/C♯**   **D**
It's written in the moonlight
                 A/C♯
And painted on the stars,
             D/A
We can't change ours.

Verse 5

Esus4   **B♭**   **F/A**
Don't give up on us, baby,
           E♭   **F/E♭**
We're still worth one more try.
Dm7   **Gm7** **E♭**
I know we put a last one by
        B♭/D   **E♭**
Just for a rainy evening,
            Dsus4 **D**
When maybe stars are few.
    Cm7   **B♭**   **Fsus4**
Don't give up on us, I know
        B♭   **F/A**
We can still come through.
   Gm7   **Gm7/F**
Don't give up on us, baby.
   E♭   **Fsus4** **B♭**
Don't give up on us, baby.

Fifty Ways To Leave Your Lover

Words & Music by Paul Simon

Em/G   D6   Cmaj7   B7♭9   B7   Em

Gaug   Baug   Am7   G7   G   B♭6   C7

Intro | Drums for 4 bars ‖

Verse 1

Em/G   D6   Cmaj7   B7♭9 B7
"The problem is all inside your head", she said to me,

Em   B7   Gaug   Baug
"The answer is easy if you take it logically.

Em/G   D6   Cmaj7   B7♭9
I'd like to help you in your struggle to be free.

   B7   Em Am7   Em
There must be fifty ways to leave your lover."

Verse 2

Em/G   D6   Cmaj7   B7♭9 B7
She said, "It's really not my habit to intrude.

    Em   B7   Gaug Baug
Furthermore, I hope my meaning won't be lost or misconstrued,

    Em   D6 Cmaj7   Baug
But I'll repeat myself at the risk of being crude:

   B7   Em Am7   Em
There must be fifty ways to leave your lover,

   Am7   Em
Fifty ways to leave your lover."

Chorus 1

      G7
Just slip out the back, Jack,

     B♭6
Make a new plan, Stan,

      C7
You don't need to be coy, Roy,

     G
Just get yourself free.

G7
Hop on the bus, Gus,

B♭6
You don't need to discuss much.

C7
Just drop off the key, Lee,

G
And get yourself free.

G7
Just slip out the back, Jack,

B♭6
Make a new plan, Stan,

C7
You don't need to be coy, Roy,

G
Just listen to me.

G7
Hop on the bus, Gus,

B♭6
You don't need to discuss much.

C7
Just drop off the key, Lee,

G
And get yourself free.

Verse 3

Em/G   **D6**   **Cmaj7**   **B7♭9** **B7**
She said, "It grieves me so to see you in such pain.

        Em   **B7**   **Gaug**   **Baug**
I wish there was something I could do to make you smile again."

      Em   **D6**   **Cmaj7**   **B7♭9**
I said, "I appreciate that   and would you please explain

      B7 **Em**   **Am7**   **Em**
About the fifty ways.

Verse 4

Em/G   **D6**   **Cmaj7**   **B7♭9**
She said, "Why don't we both just sleep on it tonight,

  B7 **Em**   **B7**   **Gaug**   **Baug**
And I believe in the morning you'll begin to see the light."

        Em   **D6**   **Cmaj7**   **Baug**
And then she kissed me, and I realised she probably was right:

  B7   **Em**   **Am7**   **Em**
There must be   fifty ways to leave your lover,

    Am7   **Em**
Fifty ways to leave your lover.

        G7
Just slip out the back, Jack,

       B♭6
Make a new plan, Stan,

           C7
You don't need to be coy, Roy,

         G
Just get yourself free.

        G7
Hop on the bus, Gus,

           B♭6
You don't need to discuss much.

        C7
Just drop off the key, Lee,

          G
And get yourself free.

        G7
Just slip out the back, Jack,

       B♭6
Make a new plan, Stan,

          C7
You don't need to be coy, Roy,

        G
Just listen to me.

       G7
Hop on the bus, Gus,

          B♭6
You don't need to discuss much.

        C7
Just drop off the key, Lee,

       G
And get yourself free.

Coda   ‖: **Drums** :‖   *Repeat to fade*

Glass Of Champagne

Words & Music by Georg Kajanus

D4 **G** **D** **C** **F**

Intro | D4 | D4 | G | G ||

Verse 1

G
  I've got the money

I've got the place

You've got the figure
      D
You've got the face

Let's get together
   G
The two of us
C   **G**   **D**
Over a glass of cham - pagne

Verse 2

G
I've got the music

I've got the lights

                        D
You've got the figure full of de - lights

Let's get together
   G
The two of us
C   **G**   **D**
Over a glass of cham - pagne

Bridge 1

C   **F**   **C**   **F**
  I've been waiting much too long
C   **F**   **C**   **F**
  For this moment to come a - long
   G
Oh yeah

cont.   Oh yeah

         D   **N.C.**
      Oh yeah

Instr. 1 | **G** | **G** | **G** | **G** |

        | **C** | **C** | **G** | **G** ||

                   We'll drink a glass of cham - pagne

        C   **F**   **C**   **F**
Bridge 2   I've been thinking night and day

        C   **F**   **C**   **F**
        For this moment to be this way

        G
        Oh yeah

        Oh yeah

        D   **N.C.**
        Oh yeah

        G
Verse 3   I've got position

        I've got the name

                        D
        You've got the power to drive me in - sane

        Let's get together

          G
        The two of us

        C   **G**   **D**
        Over a glass of cham - pagne

Bridge 3   As Bridge 1

Instr. 2   As Instr. 1

         D
Outro ||: Let's get together

          G
        The two of us

        C   **G**   **D**
        Over a glass of cham - pagne :|| *Repeat to fade*

Highway To Hell

Words & Music by Angus Young, Malcolm Young & Brian Johnson

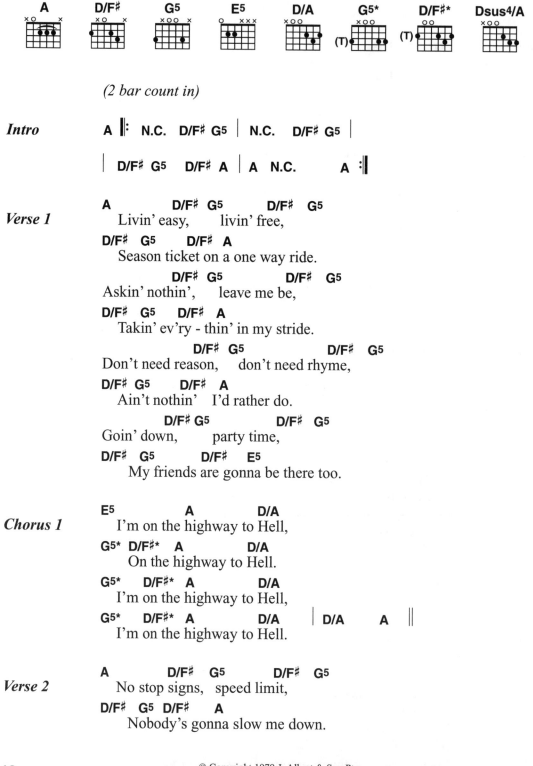

(2 bar count in)

Intro

A |: N.C. D/F♯ G5 | N.C. D/F♯ G5 |

| D/F♯ G5 D/F♯ A | A N.C. A :|

Verse 1

  A   D/F♯ G5 D/F♯ G5
 Livin' easy, livin' free,

D/F♯ G5 D/F♯ A
 Season ticket on a one way ride.

    D/F♯ G5   D/F♯ G5
 Askin' nothin', leave me be,

D/F♯ G5 D/F♯ A
 Takin' ev'ry - thin' in my stride.

     D/F♯ G5   D/F♯ G5
 Don't need reason, don't need rhyme,

D/F♯ G5 D/F♯ A
 Ain't nothin' I'd rather do.

    D/F♯ G5   D/F♯ G5
 Goin' down, party time,

D/F♯ G5 D/F♯ E5
 My friends are gonna be there too.

Chorus 1

E5   A D/A
 I'm on the highway to Hell,

G5* D/F♯* A   D/A
 On the highway to Hell.

G5* D/F♯* A   D/A
 I'm on the highway to Hell,

G5* D/F♯* A   D/A | D/A A ‖
 I'm on the highway to Hell.

Verse 2

  A   D/F♯ G5 D/F♯ G5
 No stop signs, speed limit,

D/F♯ G5 D/F♯ A
 Nobody's gonna slow me down.

        D/F♯ G5   **D/F♯ G5**
Like a wheel,   gonna spin it,

D/F♯ G5   D/F♯ A
    Nobody's gonna mess me around.

        D/F♯ G5   **D/F♯ G5**
Hey Satan,   pay'n' my dues,

D/F♯ G5   D/F♯ A
    Playin' in a rockin' band.

        D/F♯ G5   **D/F♯ G5**
Hey, Momma,   look at me,

D/F♯   G5   D/F♯   E5
I'm on my way to the promised land.

Chorus 2

E5   **A**   **D/A**
   I'm on the highway to Hell,

G5*   D/F♯* A   **D/A**
       Highway to Hell.

G5*   D/F♯* A   **D/A**
  I'm on the highway to Hell,

G5*   D/F♯* A   **D/A** | **D/A Dsus4/A D/A** |
       Highway to Hell.

D/A | **D/A Dsus4/A D/A** | **D/A Dsus4/A D/A** ‖
Don't stop me!

Guitar solo   ‖: **A**   **D/A** | **D/A**   **G5* D/F♯** :‖ *Play 4 times*

Chorus 3

(G5*   D/F♯*) A   **D/A**
     I'm on the highway to Hell,

G5* D/F♯* A   **D/A**
   On the highway to Hell.

G5*   D/F♯* A   **D/A**
   I'm on the highway to Hell,

G5*   D/F♯* A | **N.C. G5* D/F♯** ‖
   I'm on the highway to...

Chorus 4

         A   **D/A**
I'm on the highway to Hell,

G5* D/F♯* A   **D/A**
   On the highway to Hell.

G5*   D/F♯* A   **D/A**
   I'm on the highway to Hell,

G5*   D/F♯* A   **D/A**
   I'm on the highway to Hell.

                           A
And I'm goin' down all the way,

On the highway to Hell.   43

Girls Talk

Words & Music by Elvis Costello

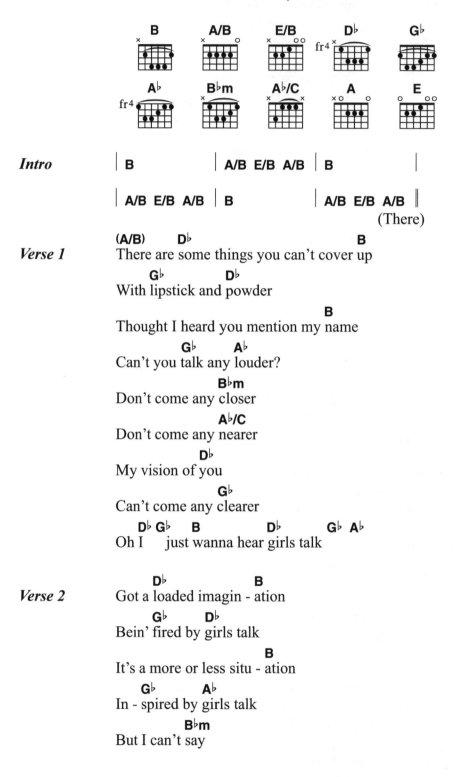

Intro

| B | | A/B E/B A/B | B | |

| A/B E/B A/B | B | | A/B E/B A/B ‖

(There)

Verse 1

(A/B)   Db   B
There are some things you can't cover up

       Gb   Db
With lipstick and powder

                               B
Thought I heard you mention my name

        Gb   Ab
Can't you talk any louder?

         Bbm
Don't come any closer

         Ab/C
Don't come any nearer

        Db
My vision of you

         Gb
Can't come any clearer

   Db Gb B   Db   Gb Ab
Oh I   just wanna hear girls talk

Verse 2

      Db   B
Got a loaded imagin - ation

      Gb   Db
Bein' fired by girls talk

                   B
It's a more or less situ - ation

    Gb   Ab
In - spired by girls talk

        Bbm
But I can't say

cont.

         A♭/C
The words you wanna hear
       D♭
I suppose you're gonna have to
G♭   **B**   **G♭**
Play it by ear, right here

Chorus 1

      D♭ **G♭ B** **G♭**
And now,___ girls talk
         D♭   **G♭ B** **G♭**
And they wanna know how___ girls talk
        D♭   **G♭ B** **G♭**
And they say it's not allow - ed, girls talk

If they say that it's so
                       A♭
Don't they think that I'd know by now?___

Verse 3

      D♭   **B**
Got the word up on everyone's lipstick
   G♭   **D♭**
That you're getting faded
                      B
You may not be an old-fashioned girl
     G♭   **A♭**
But you're gonna get dated
      B♭m
"Was it really murder?"
        A♭/C
"Were you just pretending?"
      D♭
"Lately I've heard..."
        B **G♭**
"You are the living e - nd"
B   **G♭**
Girls talk

Chorus 2

      D♭   **G♭ B** **G♭**
And they wanna know how___ girls talk
      D♭   **G♭ B** **G♭**
And they say it's not allow - ed, girls talk
      D♭   **G♭ B** **G♭**
And they wanna know how___ girls talk

If they say that it's so
                       A♭
Don't they think that I'd know by now?___

Verse 4		B		A	E	B		B A E A
		B		A	E	G♭		A♭

(A♭)   **B♭m**
But I can't say

                         A♭m
The words you wanna hear

          D♭
I suppose you're gonna have to

G♭   **B**   **G♭**
Play it by ear, right here

                D♭
Verse 5   There are some things you can't cover up   **B**

       G♭   **D♭**
With lipstick and powder

                         B
Thought I heard you mention my name

       G♭   **A♭**
Can't you talk any louder?

       B♭m
Don't come any closer

           A♭/C
Don't come any nearer

         D♭
My vision of you

              G♭   **B**   **G♭**
Can't come any clearer, girls talk

          D♭   **G♭ B** **G♭**
Chorus 3   And they wanna know how___ girls talk

          D♭   **G♭ B** **G♭**
And they say it's not allow - ed, girls talk

          D♭   **G♭ B** **G♭**
And they think they know how___ girls talk

      D♭
Outro   ‖: Girls talk

G♭ B   **G♭**
      Girls talk :‖ *Repeat to fade*

Hit Me With Your Rhythm Stick

Words & Music by Ian Dury & Chas Jankel

Intro

‖: Fm⁷ Fm¹¹ Fm⁷ Fm¹¹ Fm⁷ Fm¹¹ Fm⁷ :‖ *Play 4 times*

| B♭ C | Fm⁷ Fm¹¹ Fm⁷ Fm¹¹ Fm⁷ Fm¹¹ Fm⁷ |

| Fm⁷ Fm¹¹ Fm⁷ Fm¹¹ Fm⁷ Fm¹¹ Fm⁷ ‖

Verse 1

$\quad\quad$ Fm⁷ $\quad$ Fm¹¹ $\quad$ Fm⁷
In the deserts of Su - dan

$\quad\quad\quad$ D♭ $\quad\quad\quad$ Fm⁷
And the gardens of Ja - pan

$\quad\quad\quad$ Fm¹¹ $\quad$ Fm⁷
From Mi - lan to Yuka - tan

$\quad\quad$ D♭ $\quad\quad\quad$ E♭ $\;$ E
Every womans, every man

Chorus 1

$\quad\quad$ F $\quad$ Gm $\quad\quad$ F/A $\quad$ Gm
Hit me with your rhythm stick

F(♯9)
Hit me, hit me

F Gm $\quad\quad\quad$ F/A $\quad$ Gm
Je t'adore, ich leibe dich

F(♯9)
Hit me, hit me, hit me

$\quad\quad$ F $\quad\quad$ Gm⁷ $\quad\quad$ A♭⁷ $\quad\quad$ A⁷
Hit me with your rhythm stick

B♭⁷ $\quad\quad$ A⁷ $\quad\quad$ A♭⁷ $\quad\quad$ G⁷
$\quad$ Hit me slowly, hit me quick

$\quad\quad$ B♭ $\quad\quad$ C $\quad\quad$ Fm⁷ Fm¹¹ Fm⁷ Fm¹¹ Fm⁷ Fm¹¹ Fm⁷
Hit me, hit me, hit me

cont. | Fm7 Fm11 Fm7 Fm11 Fm7 Fm11 Fm7 |

| B♭ C | Fm7 Fm11 Fm7 Fm11 Fm7 Fm11 Fm7 |

| Fm7 Fm11 Fm7 Fm11 Fm7 Fm11 Fm7 ‖

Verse 2

    Fm7   Fm11   Fm7
In the wilds of Borne - o
       D♭   Fm7
And the vineyards of Bor - deaux
      Fm11   Fm7
Eskim - o, Arapah - o
     D♭   E♭ E
Move their body to and fro

Chorus 2

F   Gm   F/A   Gm
Hit me with your rhythm stick
F(♯9)
Hit me, hit me
F   Gm   F/A   Gm
Das ist gute, ce fantas - tique
F(♯9)
Hit me, hit me, hit me
F   Gm7   A♭7   A7
Hit me with your rhythm stick
   B♭7 A7 A♭7 G7
It's nice to be a luna - tic
B♭   C
Hit me, hit me,

Sax solo | Fm7 | Fm7 | Fm7 | Fm7 |
  hit me.

| Fm7 | Fm7 | B♭   C |
                Hit me hit me

‖: Fm7 :‖ *Play 13 times*
  Hit.

Verse 3

Fm7   Fm11 Fm7
In the dock of Tiger Bay

    D♭   Fm7
On the road to Manda - lay

          Fm11 Fm7
From Bombay to Santa Fey

    D♭   E♭   E
Over hills and far away

Chorus 3

F   Gm   F/A   Gm
Hit me with your rhythm stick

F(♯9)
Hit me, hit me

F   Gm   F/A   Gm
C'est ce bon, mm? Ist es nicht

F(♯9)
Hit me, hit me, hit me

F   Gm7   A♭7   A7
Hit me with your rhythm stick

B♭7   A7   A♭7   G7
Two fat persons, click click click

B♭   C   Fm7   Fm11 Fm7 Fm11 Fm7 Fm11 Fm7
Hit me, hit me, hit me

  Fm7 Fm11 Fm7 Fm11 Fm7 Fm11 Fm7

Outro

B♭   C   Fm7
Hit me, hit me, hit me

Hit me, hit me, hit me

Hit me, hit me
B♭   C   Fm7
Hit me, hit me, hit me

Hit me, hit me, hit me

Hit me, hit me
B♭   C   Fm7
Hit me, hit me, hit me

Hold Your Head Up

Words & Music by Rod Argent & Chris White

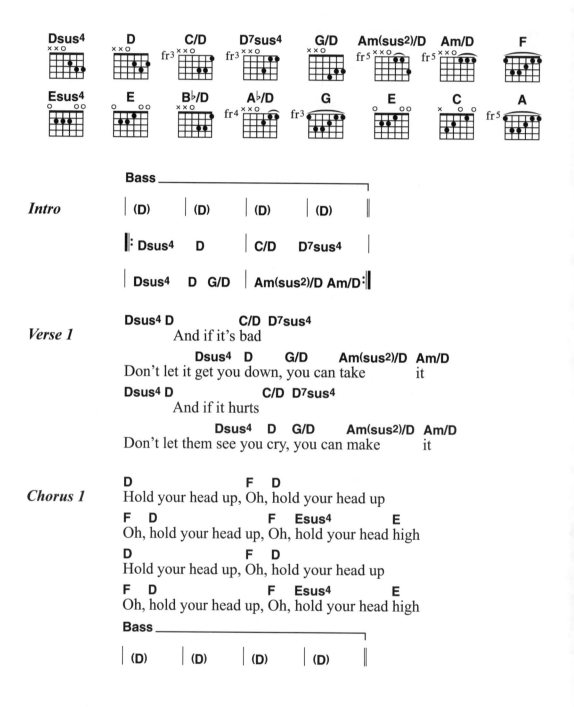

Intro

```
            Bass _____
             |(D)    |(D)    |(D)    |(D)    ||

            ||: Dsus4   D   | C/D    D7sus4   |

             | Dsus4   D  G/D  | Am(sus2)/D  Am/D :||
```

Verse 1

```
            Dsus4 D          C/D  D7sus4
                    And if it's bad
                        Dsus4   D    G/D     Am(sus2)/D  Am/D
            Don't let it get you down, you can take       it
            Dsus4 D              C/D  D7sus4
                        And if it hurts
                            Dsus4   D  G/D     Am(sus2)/D  Am/D
            Don't let them see you cry, you can make      it
```

Chorus 1

```
            D                 F   D
            Hold your head up, Oh, hold your head up
            F   D                   F   Esus4        E
            Oh, hold your head up, Oh, hold your head high
            D                 F   D
            Hold your head up, Oh, hold your head up
            F   D                   F   Esus4        E
            Oh, hold your head up, Oh, hold your head high
            Bass _____
             |(D)    |(D)    |(D)    |(D)    ||
```

Verse 2

Dsus⁴ D   C/D   D⁷sus⁴
    And if they stare

           Dsus⁴   D   G/D   Am(sus²)/D   Am/D
Just let them burn their eyes on your beau   -   ty

Dsus⁴ D   C/D   D⁷sus⁴
    And if they shout

           Dsus⁴   D   G/D   Am(sus²)/D   Am/D
Don't let it change a thing that you're do   -   ing

Chorus 2

D   F   D
Hold your head up, Oh, hold your head up

F   D   F   Esus⁴   E
Oh, hold your head up, Oh, hold your head high

D   F   D
Hold your head up, Oh, hold your head up

F   D   F   Esus⁴   E
Oh, hold your head up, Oh, hold your head high

Bridge

Bass
| (D) | (D) | (D)   ‖

D
Hold your head up, hold your head up

Hold your head up, hold your head up

               C/D
Hold your head up, hold your head up

B♭/D   A♭/D
Hold your head up, hold your head up

G   E
Hold your head up, hold your head up

C   A
Hold your head up, hold your head up

F
Hold your head up

Chorus 3

D   F   D
Hold your head up, Oh, hold your head up

F   D   F   Esus⁴   E
Oh, hold your head up, Oh, hold your head high

Verse 3   As Verse 2

I Can Help

Words & Music by Billy Swan

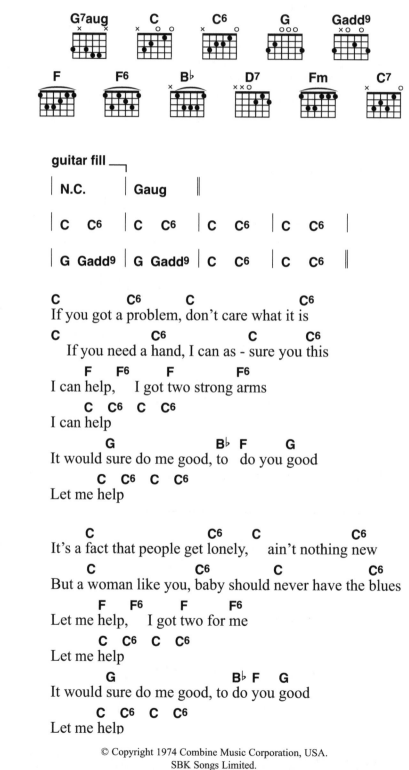

Intro

guitar fill

| N.C. | Gaug ‖

| C C6 | C C6 | C C6 | C C6 |

| G Gadd9 | G Gadd9 | C C6 | C C6 ‖

Verse 1

   C   C6   C   C6
If you got a problem, don't care what it is

   C   C6   C   C6
     If you need a hand, I can as - sure you this

       F   F6   F   F6
I can help,   I got two strong arms

      C C6 C C6
I can help

        G   B♭ F   G
It would sure do me good, to do you good

        C C6 C C6
Let me help

Verse 2

       C   C6 C   C6
It's a fact that people get lonely,   ain't nothing new

       C   C6   C   C6
But a woman like you, baby should never have the blues

      F   F6   F   F6
Let me help,   I got two for me

      C C6 C C6
Let me help

        G   B♭ F   G
It would sure do me good, to do you good

        C C6 C C6
Let me help

Chorus 1

F   G   C C^6 C C^6
When I go to sleep at night you're always a part of my dream
F D^7 G G^7aug
Holding me tight and telling me every - thing I wanna hear

Verse 3

C C^6 C C^6
Don't forget me baby, all you gotta do is call
   C C^6 C C^6
You know how I feel a - bout ya, if I can do anything at all
   F   C C^6 C C^6
Let me help, if your child needs a daddy, I can help
     G $B\flat$ F   G
It would sure do me good, to do you good
       C C^6 C C^6
Let me help

Instr.

| C C^6 | C C^6 | C C^6 | C C^6 |

| G | G | C C^6 | C C^6 ‖

Chorus 2   As Chorus 1

Verse 4   As Verse 3

Outro Instr.

| C C^6 | C C^6 | C C^6 | C C^6 |

| G | G | C C^7 F Fm | C C^7 ‖

| C C^6 | C C^6 | C C^6 | C C^6 |

| G | G | C C^7 F Fm | C C^7 ‖

| C C^6 | C C^6 | C C^6 | C C^6 |

| G | G | C C^7 F Fm | C C^7 ‖ *Fade*

I Love The Sound Of Breaking Glass

Words & Music by Nick Lowe

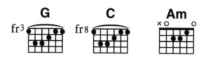

Verse 1

    G
l love the sound of breaking glass

                 C
Es - pecially when I'm lone - ly

    G
l need the noises of destruction

                 C
When there's nothing new

Chorus 1

    Am   **G**
Oh nothing new, sound of breaking glass

    G
I love the sound of breaking glass

            C
Verse 1   Deep into the night____

    G
l love the sound of its condition

           C
Flying all around____

Chorus 2

    Am   **G**
Oh all around, sound of breaking glass

    Am   **G**   **N.C.**
Nothing new, sound of breaking glass

Piano solo

| G | G | G | G | C | |
| C | G | G | G | C | C |

	Am G
Chorus 3	Oh all around, sound of breaking glass

Chorus 3

Am   G
Oh all around, sound of breaking glass

Am   G
Nothing new, sound of breaking glass

Am   G   N.C.
Safe at last sound of breaking glass

Verse 3

       G
I love the sound of breaking glass

                   C
Deep into the night___

   G
I love the work on it can do

                 C
Oh a change of mind

Chorus 4

      Am
Oh change of mind,

        G
Sound of breaking glass

Am   G
All around, sound of breaking glass

Am   G
Nothing new, sound of breaklng glass

Am   G
Breaking glass, sound of breaking glass

Outro

‖: Am   G
Sound of breaking glass :‖ *Repeat to fade*

I Saw The Light

Words & Music by Hank Williams

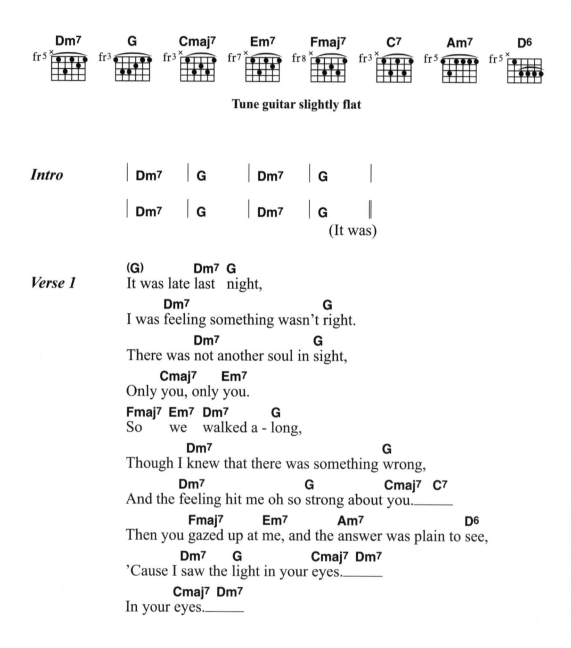

Tune guitar slightly flat

Intro | Dm7 | G | Dm7 | G |

| Dm7 | G | Dm7 | G ‖

(It was)

Verse 1

(G)   Dm7 G
It was late last night,

   Dm7   G
I was feeling something wasn't right.

     Dm7   G
There was not another soul in sight,

   Cmaj7   Em7
Only you, only you.

Fmaj7 Em7 Dm7   G
So   we   walked a - long,

     Dm7   G
Though I knew that there was something wrong,

    Dm7   G   Cmaj7 C7
And the feeling hit me oh so strong about you._____

     Fmaj7   Em7   Am7   D6
Then you gazed up at me, and the answer was plain to see,

   Dm7   G   Cmaj7 Dm7
'Cause I saw the light in your eyes._____

   Cmaj7 Dm7
In your eyes._____

Verse 2

(Dm7)   **G**
Though we had our fling,

          Dm7   **G**
I just never would suspect a thing,

          Dm7   **G**   **Cmaj7**   **Em7**
Till that little bell began to ring in my head, in my head.

Fmaj7 Em7 Dm7   G
But   I   tried to run,

          Dm7   **G**
Though I knew it wouldn't help me none,

          Dm7   **G**   **Cmaj7 C7**
'Cause I couldn't ever love no one, or so I said._____

          Fmaj7   **Em7**   **Am7**   **D6**
But my feelings for you were just something I never knew,

     Dm7   G   **Cmaj7 Dm7**
Till I saw the light in your eyes._____

          Cmaj7 Dm7 G
In your eyes._____

Solo

| **Dm7** | **G** | **Dm7** | **G** | |

| **Dm7** | **G** | **Cmaj7** | **Emaj7** **Fmaj7 Em7** ‖
                                        (But   I)

Verse 3

Fmaj7 Em7 Dm7   G
But   I   love you best,

          Dm7   **G**
It's not something that I say in jest,

          Dm7   **G**
'Cause you're different, girl, from all the rest,

     Cmaj7 C7
In my eyes.

          Fmaj7   **Em7**   **Am7**   **D6**
And I ran out be - fore but I won't do it any - more,

          Dm7 G   **Cmaj7 Dm7**
Can't you see the light in my eyes._____

          Cmaj7 Dm7
In my eyes._____

Outro

          Cmaj7 Dm7
In my eyes.

          Cmaj7 Dm7
In my eyes.   *Fade out*

Hollywood Nights

Words & Music by Bob Seger

E   Aadd9/E   D%/E   D   A   Esus4

Intro

‖: E | E | Aadd9/E | Aadd9/E |

| D%/E | D%/E | E | E :‖

Verse 1

E
She stood there bright as the sun on that California coast
                                                    Aadd9/E
D%/E   E
He was a midwestern boy on his own

She looked at him with those soft eyes,
   Aadd9/E
So innocent and blue
D%/E
He knew right then he was too far from home he was too far from home
                                                                  E
Aadd9/E   D%/E   E
He was too far from home

Verse 2

E
She took his hand and she led him a - long that golden beach
                                              Aadd9/E
D%/E   E
They watched the waves tumble over the sand

They drove for miles and miles
      Aadd9/E
Up those twisting turning roads
D%/E   E
Higher and higher and higher they climbed

Chorus 1

E
And those hollywood nights

Aadd9/E
In those hollywood hills

D%/E
She was looking so right

E
In her diamonds and frills

All those big city nights

Aadd9/E
In those high rolling hills

D%/E
A - bove all the lights

| E |
She had all of the skills_____

| D | D | A | A |

| E | E Esus4 | E | E ‖

| E | E | E | E ‖

Verse 3

E   Aadd9/E
   He'd headed west 'cause he felt that a change

Would do him good

D%/E   E
   See some old friends, good for the soul

Aadd9/E
   She had been born with a face that would let her

Get her way

D%/E   E
   He saw that face and he lost all con - trol

Aadd9/E   D%/E   E
   He had lost all con - trol

Verse 4

E   Aadd9/E
Night after night, day after day, it went on and on

D%/E   E
   Then came that morning he woke up a - lone

Aadd9/E
He spent all night staring down at the lights of la

D%/E   E
   Wondering if he could ever go home

Chorus 2

E
And those hollywood nights

Aadd9/E
In those hollywood hills

D%/E
She was looking so right

E
It was giving him chills

All those big city nights

Aadd9/E
In those high rolling hills

D%/E
A - bove all the lights

E
With a passion that kills

Chorus 3

E
And those hollywood nights

Aadd9/E
In those hollywood hills

D%/E
She was looking so right

E
In her diamonds and frills

All those big city nights

Aadd9/E
In those high rolling hills

D%/E
A - bove all the lights

E
She had all of the skills_____

Outro

E
‖: Hollywood nignts

Aadd9/E
Hollwood hills

D%/E
A - bove all the life

E
Hollywood nights :‖ *Repeat to fade*

60

Is She Really Going Out With Him?

Words & Music by Joe Jackson

Dm fr5   **E♭** fr6   **F11** fr8   **B♭** fr6   **F** fr5   **A♭** fr4

E♭* fr3   **F/A**   **Gm** fr10   **F*** fr8   **Gm*** fr3   **G11** fr10

Intro
| Dm | E♭ | F11 | F11 | |

| B♭ F | A♭ E♭* | B♭ F | A♭ E♭* ‖

Verse 1

      B♭   F   A♭   E♭*   B♭   F A♭ E♭* B♭
Pretty women out walking with go - rillas down my street,

                    F   A♭   E♭*   B♭ F A♭ E♭* B♭
From my window I'm staring while my coffee goes cold.

            F
Look over there! (Where?)

A♭   E♭*   B♭   F   E♭* B♭
There, there's a lady that I used to know.

               F   A♭   E♭*   B♭ F A♭ E♭
She's married now, or en - gaged, or something, so I am told.

Chorus 1

E♭   F/A   B♭   E♭
Is she really going out with him?

                Dm   Gm   F*   E♭
Is she really gonna take him home tonight?

                F/A   Gm*
Is she really going out with him?

           E♭
'Cause if my eyes don't deceive me,

        F*   B♭   F A♭ E♭*
There's something going wrong around here.

Link 1 | B♭ F | A♭ E♭* ‖

Verse 2

B♭   F   A♭   E♭*   B♭   F A♭ E♭* B♭
  Tonight's the night when I go to all the parties down my street,

     F   A♭   E♭*   B♭   F A♭ E♭* B♭
I wash my hair and I kid myself I look real smooth.

       F   A♭
Look over there! (Where?) There,

     E♭*   B♭   F   E♭* B♭
Here comes Jeanie with her new boy - friend.

      F   A♭
They say that looks don't count for much,

     E♭*   B♭   F A♭ E♭
If so, there goes your proof.

Chorus 2

E♭   F/A   B♭   E♭
Is she really going out with him?

        Dm   Gm* F*   E♭
Is she really gonna take him home tonight?

        F/A   Gm*
Is she really going out with him?

       E♭   B♭   F A♭ E♭*
'Cause if my eyes don't deceive me,

     F*   B♭   F A♭
There's something going wrong around here.

   E♭*   B♭   F A♭ E♭
A - round here.

Bridge

Dm   E♭
  But if looks could kill,

     F11   G11   Dm
There's a man there who's marked down as dead.

      E♭
'Cause I've had my fill,

     F11   G11   Dm
Listen you, take your hands from her hand.

     E♭   F11
I get so mean around this scene.

     F11   G11 F11
Hey, hey, hey.

Link 2 | B♭ F | A♭ E♭* | B♭ F | A♭ E♭* ‖

Chorus 3

E♭   F/A   B♭   E♭
Is she really going out with him?

                          Dm   Gm* F*   E♭
Is she really gonna take him home tonight?

                          F/A   Gm*
Is she really going out with him?

                          E♭   B♭   F A♭ E♭*
'Cause if my eyes don't deceive me

                F*   F A♭ E♭*
There's something going wrong around here.

Outro

                B♭   F
'Round here,

A♭   E♭*   B♭   F
Something going wrong around here,

A♭   E♭*   B♭   F
Something going wrong around here,

A♭   E♭*   B♭   F
Something going wrong around here,

A♭   E♭*   N.C.
Something going wrong around.

Is This Love

Words & Music by Bob Marley

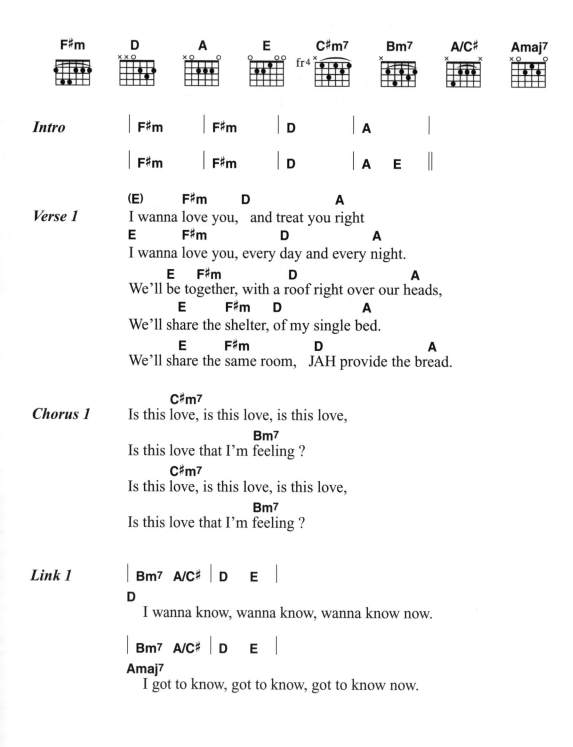

F#m	D	A	E	C#m7	Bm7	A/C#	Amaj7

Intro | F#m | F#m | D | A |

| F#m | F#m | D | A   E ||

Verse 1

(E)   F#m   D   A
I wanna love you,   and treat you right
E   F#m   D   A
I wanna love you, every day and every night.
      E   F#m   D   A
We'll be together, with a roof right over our heads,
      E   F#m   D   A
We'll share the shelter, of my single bed.
      E   F#m   D   A
We'll share the same room,   JAH provide the bread.

Chorus 1

          C#m7
Is this love, is this love, is this love,
              Bm7
Is this love that I'm feeling ?
          C#m7
Is this love, is this love, is this love,
              Bm7
Is this love that I'm feeling ?

Link 1 | Bm7 A/C# | D   E |

D
    I wanna know, wanna know, wanna know now.

| Bm7 A/C# | D   E |

Amaj7
    I got to know, got to know, got to know now.

Bridge 1

    C♯m7   Bm7
I, _____ I'm willing and able
    F♯m   E   D C♯m7 Bm7
So I throw my cards on your table.

Verse 2

          F♯m
I wanna love you,
       D
I wanna   love and treat
A   E   F♯m
Love and treat you right.
                 D   A
I wanna love you, every day and every night.
     E F♯m   D   A
We'll be together, with a roof right over our heads,
     E F♯m D   A
We'll share the shelter, of my single bed.
     E F♯m   D   A
We'll share the same room, JAH provide the bread.

Chorus 2

        C♯m7
Is this love, is this love, is this love,
            Bm7
Is this love that I'm feeling?
        C♯m7
Is this love, is this love, is this love,
            Bm7
Is this love that I'm feeling?

Link 2

| Bm7 A/C♯ | D   E |
D
   Oh yes I know, yes I know, yes I know now.

| Bm7 A/C♯ | D   E |
Amaj7
   Oh yes I know, yes I know, yes I know now.

Bridge 2   As Bridge 1

Verse 3   As Verse 2 *Fade out*

It's A Heartache

Words & Music by Ronnie Scott & Steve Wolfe

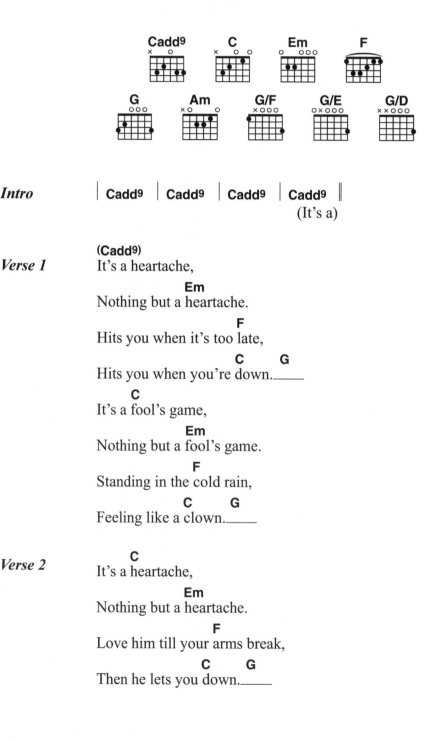

Intro | Cadd⁹ | Cadd⁹ | Cadd⁹ | Cadd⁹ ‖

(It's a)

Verse 1

(Cadd⁹)
It's a heartache,

Em
Nothing but a heartache.

F
Hits you when it's too late,

C   G
Hits you when you're down.____

C
It's a fool's game,

Em
Nothing but a fool's game.

F
Standing in the cold rain,

C   G
Feeling like a clown.____

Verse 2

C
It's a heartache,

Em
Nothing but a heartache.

F
Love him till your arms break,

C   G
Then he lets you down.____

Bridge 1

             F   **G**
It ain't right with love to share,
                Em   **Am**   **G**   **G/F G/E G/D**
When you find he doesn't care for you.
             F   **G**
It ain't wise to need some - one
                Em   **Am G**   **G/F G/E G/D**
As much as I depended on   you.

Verse 3   As Verse 1

Solo

	C		C		Em		Em	
	F		F		C		G	

Bridge 2   As Bridge 1

Verse 4   As Verse 2

Verse 5

    C   **Em**
  It's a fool's game,
                    F
Standing in the cold rain,
              C   **G**
Feeling like a clown.____
        C   **Em**
It's a heartache,____
                 F
Love him till your arms break,
             C   **G**
Then he lets you down.____   *Fade out*

Jet

Words & Music by Paul McCartney & Linda McCartney

Bm C#5 D6 C#m7 A5

A D/A B5 E Asus4 Amaj7

Intro ‖: Bm C#5 D6 | D6 | Bm C#5 D6 | D6 | C#m7 | C#m7 :‖
| Bm C#5 D6 | D6 | A5 | A5 | A5 | A5 ‖
Jet!　　　　Jet!

Verse 1
　　　　A　　　　　　　　　　　　　　　　　D/A　　A
　　Jet! I can almost remember their funny fa - ces

That time you told them that
　　　　　　　　　　　　　　　　D/A
You were going to be marrying soon
　　C#m7　　　　　　Bm
And Jet, I thought the only
　　C#5 D6　　　　　　　　A5
Lone - ly　 place was on the moon

Jet! Ooh——

Jet! Ooh.——

Verse 2

    A   **D/A**   **A**
Jet! Was your father as bold as a sergeant ma - jor?

Well, how come he told you that
                           D/A
You were hardly old enough yet?
     C♯m7   **Bm**
And Jet, I thought the major
     C♯5 D6   **A**
Was a   lady suffra - gette

Jet! Ooh——

Jet! Ooh.——

Bridge 1

B5   **E**
Ah, mater, want Jet to always love me?
B5   **E**
Ah, mater, want Jet to always love me?
B5   **A**   **Asus4 A**
Ah, mater, much la - ter.

Link 1 | **A5** | **A5** | **A5** | **A5**   ‖

Instrumental | **A5** | **A5** | **D/A A** | **A**   ‖

                 | **A5** | **A5** | **D/A** | **D/A** ‖

Verse 3

     C♯m7   **Bm**
And Jet, I thought the major
     C♯5 D6   **A**
Was a   lady suffre - gette

Jet! Ooh——

Jet! Ooh.——

Bridge 2   As Bridge 1

Link 2   As Link 1

Verse 4

    A   **D/A**   **A**
Jet! With the wind in your hair of a thousand la - ces

Climb on the back and we'll
                 D/A
Go for a ride in the sky
    C♯m7   **Bm**
And Jet, I thought the major
    C♯5 D6   **A**
Was a   lady suffra - gette

Jet! Ooh——

Jet! Ooh.——
    C♯m7   **Bm**
And Jet, d'you know I thought you
    C♯5 D6   **A**
Was a   lady suffra - gette

Jet! Ooh.

Outro

| **Bm** **C♯5 D6** | **D6** | **Bm** **C♯5 D6** |
A little lady,
| **D6** | **C♯m7** | **C♯m7** |
my little lady yeah!
| **Bm** | **Bm** | **C♯m7** | **Amaj7** ‖

70

Jimmy Jimmy

Words & Music by John O'Neill

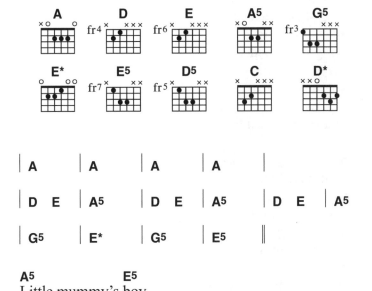

Intro

| A | A | A | A | |

| D E | A5 | D E | A5 | D E | A5 | |

| G5 | E* | G5 | E5 | |

Verse 1

A5   E5
Little mummy's boy,

   D5   E5
He wasn't very old.

A5   E5
Though he was very small,

   D5   E5
He did what he was told.

Chorus 1

D   E   A5
  Jimmy, Jimmy.

D   E   A5
  Jimmy, Jimmy, oh.

D   E   A5
Jimmy, Jimmy.

G*   E*   G E5
Poor little Jimmy wouldn't let go.

Verse 2

    A⁵   **E⁵**
He'd stay awake at night,

D⁵   **E⁵**
Lying in his bed.

A⁵   **E⁵**
No one ever listened

    D⁵   **E⁵**
To a single word he said.

Chorus 2

D   **E**   **A⁵**
 Jimmy, Jimmy.

D   **E**   **A⁵**
 Jimmy, Jimmy, oh.

D   **E**   **A⁵**
 Jimmy, Jimmy.

D   **E**   **C**   **D E⁵**
Poor little Jimmy wouldn't let go.

Bridge

| **A E*** | **D* E*** | **A E*** | **D* E*** ||
                              (Silly)

(E*) A   E* D*
Silly boy,

E* A   E* D*
Silly boy,

E* A   E* D*
Silly boy,

     E* A   E* D* E*
Such a silly boy.

Chorus 3

| D | E | **A5** |
Jimmy, Jimmy.

| D | E | **A5** |
Jimmy, Jimmy, oh.

| D | E | **A5** |
Jimmy, Jimmy.

| D | E | C | D E5 |
Poor little Jimmy wouldn't let go.

Verse 3

A5   **E5**
Now little Jimmy's gone,

    D5   **E5**
He disappeared one day.

    A5   **E5**
But no one saw the ambulance

       D5   **E5**
That took little Jim a - way.

Chorus 4

‖:   D   E   **A5**
   Jimmy, Jimmy.

    D   E   **A5**
   Jimmy, Jimmy, oh.

    D   E   **A5**
   Jimmy, Jimmy.

G5   E
Poor little Jimmy wouldn't let go.

G5   E
Poor little Jimmy wouldn't let go. :‖

Outro

‖:   D   E   **A5**
   Jimmy, Jimmy.

    D   E   **A5**
   Jimmy, Jimmy, oh. :‖   *Repeat to fade*

Knowing Me, Knowing You

Words & Music by Benny Andersson, Bjorn Ulvaeus & Stig Anderson

G Em7 Em Bm A D

Bm7 F#m7 Asus4 Asus2 Bsus2 F#m Gmaj7

Intro | G   Em7 | Em   Bm | G   A | A   ‖

Verse 1

D   Em7   Bm7   F#m7
No more care-free laughter,

D   Em7   Bm7 F#m7
Si - lence ever   after.

Bm
Walking through an empty house,

Asus4 A Asus2 A | Asus4 A Asus2 A |
Tears in my eyes,

G
Here is where the story ends,

Bsus2 Bm
This is goodbye. _____

Chorus 1

G   A
Knowing me,   knowing you,

D
There is nothing we can do.

G   A
Knowing me,   knowing you,

D G   A
We just have to face it, this time we're through.

D   F#m   G   A   D G A
Breakin' up is never easy, I know but I have to go.

D   Gmaj7
Knowing me, knowing you,

A   D   Bm
It's the best I can do.

| F#m | G | A | D   Bm | F#m | G | A | ‖

© Copyright 1976 Union Songs AB, Sweden.
Bocu Music Limited for Great Britain and the Republic of Ireland.
All Rights Reserved. International Copyright Secured.

Verse 2

D   Em⁷   Bm⁷   F♯m⁷
Mem'ries, good days, bad days,

D   Em⁷   Bm⁷   F♯m⁷
They'll be with me always.

Bm
In these old familiar rooms

              Asus⁴ A Asus² A | Asus⁴ A Asus² A |
Children would play.

G
Now there's only emptiness,

          Bsus²   Bm
Nothing to say. _____

Chorus 2

          G   A
Knowing me,   knowing you,

                 D
There is nothing we can do.

          G   A
Knowing me,   knowing you,

                   D G   A
We just have to face it, this time we're through.

D   F♯m   G   A   D G A
  Breakin' up is never easy, I know but I have to go.

         D   Gmaj⁷
Knowing me, knowing you,

      A   D   Bm
It's the best I can do.

| F♯m | G | A | D Bm | F♯m | G | A |

| Asus⁴ Bm | Bm | A Bm ||

Chorus 3

          G   A
Knowing me,   knowing you,

                 D
There is nothing we can do.

          G   A
Knowing me,   knowing you,

                   D G   A
We just have to face it, this time we're through.

D   F♯m   G   A   D G A
  Breakin' up is never easy, I know but I have to go.

         D   Gmaj⁷
Knowing me, knowing you,

      A   D   Bm
It's the best I can do.

Repeat to fade

| F♯m | G | A   ‖: D Bm | F♯m | G | A   :‖

Le Freak

Words & Music by Bernard Edwards & Nile Rodgers

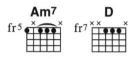

Intro

     Am⁷
Ah, freak out!

  D   **Am⁷**
Le Freak, C'est Chic

     Am⁷ D Am⁷
Freak out!

Ah, freak out!

  D   **Am⁷**
Le Freak, C'est Chic

       D **Am⁷**
Freak out!

Verse 1

Am⁷   **D**   **Am⁷**
  Have you heard a - bout the new dance craze

        D   **Am⁷**
Listen to us, I'm sure you'll be a - mazed

        D   **Am⁷**
Big fun to be had by every - one

         D   **Am⁷**
It's up to you, it surely can be done

         D   **Am⁷**
Young and old are doing it, I'm told

         D   **Am⁷**
Just one try, and you too will be sold

              D   **Am⁷**
It's called Le Freak, they're doing it night and day

       D   **Am⁷**
Allow us, we'll show you the way,

Chorus 1

     Am⁷
Ah, freak out!

  D   **Am⁷**
Le Freak, C'est Chic

       D **Am⁷**
Freak out!

Verse 2

Am7   D   Am7
All that pressure   got you down

                D   Am7
Has your head spinning all a - round

                D   Am7
Feel the rhythm,   chant the rhyme

                  D   Am7
Come on along and have a real good time

                D   Am7
Like the days of stomping at the Sa - voy

                D   Am7
Now we freak, oh what a joy

                D   Am7
Just come on down,   to the 54

                D   Am7
Find a spot out on the floor.

Chorus 2   As Chorus 1

Instr.

Am7	Am7	D	D	

Now Freak!

Am7	Am7	D	D	
Am7	Am7	D	D	
Am7	Am7	D	D	

                                    I said

Am7	Am7	D	D	

Freak!

Am7	Am7	D	D	

                                now

Am7	Am7	D	D	

Freak!

Am7	Am7	D	D	‖

Verse 3   As Verse 2

Outro   ‖: As Chorus 1 :‖ *Repeat to fade*

Let It Be

Words & Music by John Lennon & Paul McCartney

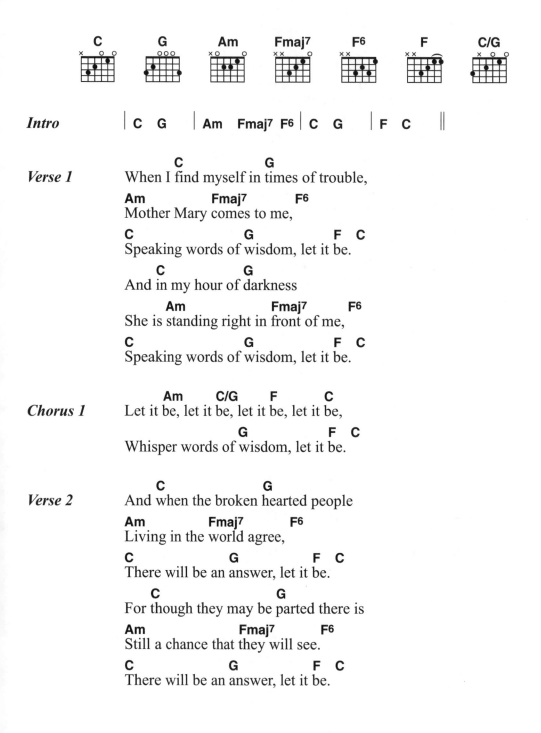

Intro | C   G | Am   Fmaj7 F6 | C   G | F   C ||

Verse 1

       C   G
When I find myself in times of trouble,

Am   Fmaj7   F6
Mother Mary comes to me,

C   G   F   C
Speaking words of wisdom, let it be.

       C   G
And in my hour of darkness

       Am   Fmaj7   F6
She is standing right in front of me,

C   G   F   C
Speaking words of wisdom, let it be.

Chorus 1

       Am   C/G   F   C
Let it be, let it be, let it be, let it be,

               G   F   C
Whisper words of wisdom, let it be.

Verse 2

       C   G
And when the broken hearted people

Am   Fmaj7   F6
Living in the world agree,

C   G   F   C
There will be an answer, let it be.

       C   G
For though they may be parted there is

Am   Fmaj7   F6
Still a chance that they will see.

C   G   F   C
There will be an answer, let it be.

Chorus 2

```
        Am      C/G     F        C
Let it be, let it be, let it be, let it be,
                        G        F  C
There will be an answer, let it be.
        Am      C/G     F        C
Let it be, let it be, let it be, let it be,
                        G        F  C
Whisper words of wisdom, let it be.
```

```
| F   C  | G F C  | F   C  | G F C   |
```

Solo

```
‖: C   G  | Am   F  | C   G  | F   C  :‖
```

Chorus 3

```
        Am      C/G     F        C
Let it be, let it be, let it be, let it be,
                        G        F  C
Whisper words of wisdom, let it be.
```

Verse 3

```
        C               G
And when the night is cloudy,
            Am          Fmaj7      F6
There is still a light that shines on me,
C           G           F  C
Shine until tomorrow, let it be.
   C            G
I wake up to the sound of music,
Am           Fmaj7      F6
Mother Mary comes to me,
C            G           F  C
Speaking words of wisdom, let it be.
```

Chorus 4

```
        Am      C/G     F        C
Let it be, let it be, let it be, let it be,
                        G        F  C
There will be an answer, let it be.
        Am      C/G     F        C
Let it be, let it be, let it be, let it be,
                        G        F  C
There will be an answer, let it be.
        Am      C/G     F        C
Let it be, let it be, let it be, let it be,
                        G        F  C
Whisper words of wisdom, let it be.
```

```
| F   C  | G F C  ‖
```

Livin' Thing

Words & Music by Jeff Lynne

C   B♭m   F   G

Am   A♭   Fm   Em   Dm

Intro

| C | C | B♭m | B♭m |

| C | C | B♭m | B♭m |

| F | F G | C | C G ‖

Verse 1

C
Sailin' away on the crest of a wave

     Am
It's like magic

A♭
Rollin' and ridin' and slippin' and slidin'

    Fm
It's magic

Pre-chorus 1

    Em   Dm
And you, and your sweet de - sire,

          Em Dm Em   F   G
You took me,   higher and higher, baby

Chorus 1

C   Am
  It's a livin' thing,

F   Dm   G   C
  It's a terrible thing to lose

     Am
It's a given thing

F   Dm   G   C
  What a terrible thing to lose

| C | B♭m | B♭m | C | |

| C | B♭m | B♭m G | C | C G ‖

Verse 2

C
Making believe this is what you've conceived

Am
From your worst day,

A♭
Moving in line when you look back in time

Fm
To your first day

Pre-chorus 2   As Pre-chorus 1

Chorus 2   As Chorus 1

| C | B♭m | B♭m | F | |

| F G | C | C G ‖

Verse 3

C
Takin' a dive 'cos you can't halt the slide

Am
Floating downstream,

A♭
So let her go don't start spoiling the show

Fm
It's a bad dream

Pre-chorus 3   As Pre-chorus 1

Chorus 3   As Chorus 1

Outro   ‖: As Chorus 1 :‖ *Repeat to fade*

The Logical Song

Words & Music by Roger Hodgson & Richard Davies

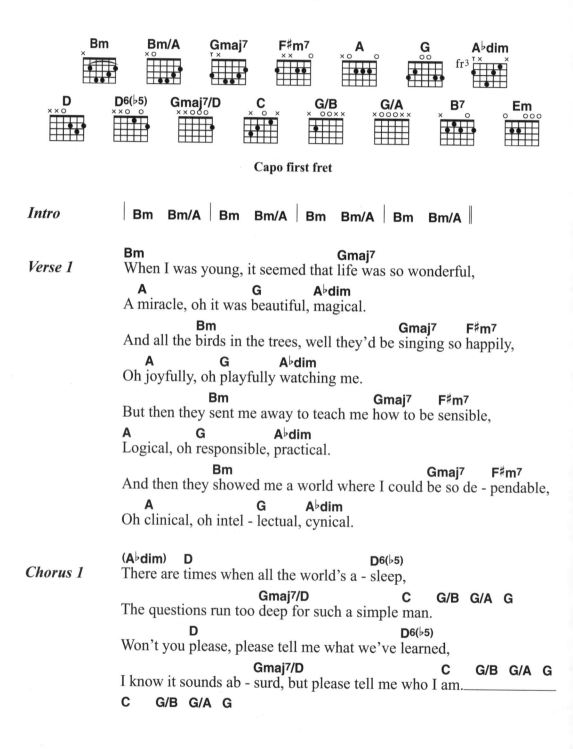

Bm   Bm/A   Gmaj7   F#m7   A   G   Abdim

D   D6(b5)   Gmaj7/D   C   G/B   G/A   B7   Em

Capo first fret

Intro | Bm   Bm/A | Bm   Bm/A | Bm   Bm/A | Bm   Bm/A ‖

Verse 1
Bm   Gmaj7
When I was young, it seemed that life was so wonderful,
A   G   Abdim
A miracle, oh it was beautiful, magical.
            Bm   Gmaj7   F#m7
And all the birds in the trees, well they'd be singing so happily,
A   G   Abdim
Oh joyfully, oh playfully watching me.
            Bm   Gmaj7   F#m7
But then they sent me away to teach me how to be sensible,
A   G   Abdim
Logical, oh responsible, practical.
            Bm   Gmaj7   F#m7
And then they showed me a world where I could be so de - pendable,
A   G   Abdim
Oh clinical, oh intel - lectual, cynical.

Chorus 1
(Abdim)   D   D6(b5)
There are times when all the world's a - sleep,
                    Gmaj7/D   C   G/B G/A G
The questions run too deep for such a simple man.
            D   D6(b5)
Won't you please, please tell me what we've learned,
                    Gmaj7/D   C   G/B G/A G
I know it sounds ab - surd, but please tell me who I am._____
C   G/B G/A G

cont.

C   Bm   Gmaj7   F♯m7

I said now watch what you say, or they'll be calling you a radical,

     A   G   A♭dim

A liberal, oh fa - natical, criminal.

          Bm   Gmaj7   F♯m7

Won't you sign up your name, we'd like to feel you're ac - ceptable,

     A   G   A♭dim

Re - spectable, oh pre - sentable, a vegetable.

                  (Bm)

Oh, take it, take it, take it yeah.

| Bm | Gmaj7 | F♯m7 | A | G | A♭dim | |

| Bm | Gmaj7 | F♯m7 | A | G | A♭dim | A♭dim ‖

                                                         (But at)

(A♭dim) D   D6(♭5)

But at   night, when all the world's a - sleep,

                      Gmaj7/D   C   G/B G/A G

The questions run so deep for such a simple man._____

                D   D6(♭5)

Won't you please, please tell me what we've learned

                    Gmaj7/D   C   G/B   G/A   G

I know it sounds ab - surd, please tell me who I am._____

      C   G/B   G/A   G

Who I am,

      C   G/B   G/A   G

Who I am,

      C   G/B   G/A   G

Who I am,_____ yeah.

‖: B7 | B7 | B7 | Em |

Vox ad lib.

| B7 | B7 | B7 | Em   D | G | :‖ *Repeat to fade*

Life On Mars?

Words & Music by David Bowie

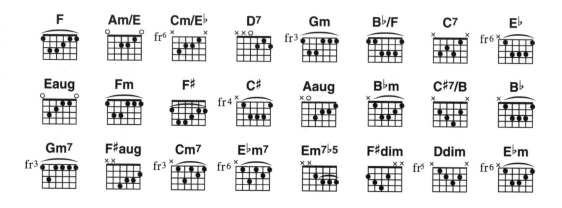

Verse 1

       F   Am/E   Cm/E♭
It's a god-awful small affair

     D7
To the girl with the mousey hair

Gm   B♭/F   C7
But her mummy is yelling "No"

                          F
And her daddy has told her to go.

        Am/E   Cm/E♭
But her friend is nowhere to be seen

     D7
Now she walks through her sunken dream

Gm   B♭/F   C7
To the seat with the clearest view

And she's hooked to the silver screen.

Pre-chorus 1

   E♭   Eaug   Fm
But the film is a saddening bore

       F#
For she's lived it ten times or more.

C#   Aaug   B♭m
She could spit in the eyes of fools

     C#7/B
As they ask her to focus on:

Chorus 1

Bb   Eb
Sailors fighting in the dance hall,

Gm7   F#aug   F
Oh man! Look at those cavemen go.

Fm   Cm7
It's the freakiest show.

Ebm7   Bb
Take a look at the Lawman

Eb
Beating up the wrong guy.

Gm   F#aug
Oh man! Wonder if he'll ever know

F   Fm   Cm7
He's in the best selling show?

Ebm7   Gm7 F#aug Bb/F Em7b5
Is there life on Mars? _____

Link

| F   F#dim | Gm Ddim | Am   Bb | Bbm ||

Verse 2

F   Am/E   Cm/Eb
It's on Amerika's tortured brow

D7
That Mickey Mouse has grown up a cow.

Gm   Bb/F   C7
Now the workers have struck for fame

'Cause Lennon's on sale again.

F   Am/E   Cm/Eb
See the mice in their million hordes

D7   Gm
From Ibiza to the Norfolk Broads.

Bb/F   C7
'Rule Britannia' is out of bounds

To my mother, my dog, and clowns.

Pre-chorus 2

Eb   Eaug   Fm
But the film is a saddening bore

F#
'Cause I wrote it ten times or more.

C#   Aaug   Bbm
It's about to be writ again

C#7/B
As I ask you to focus on:

Chorus 2

B♭   **E♭**
Sailors fighting in the dance hall,

Gm7   **F♯aug**   **F**
  Oh man! Look at those cavemen go.

Fm   **Cm7**
  It's the freakiest show.

E♭m7   **B♭**
  Take a look at the Lawman

E♭
Beating up the wrong guy.

Gm7   **F♯aug**
  Oh man! Wonder if he'll ever know

F **Fm**   **Cm7**
   He's in the best selling show?

E♭m7   **Gm7** **F♯aug** **B♭/F** **Em7♭5**
  Is there life on Mars? _____

Coda | **F** **F♯dim** | **Gm** **B♭/F** | **B♭** | **E♭** **E♭m** | **B♭**   ‖

Lonely Boy

Words & Music by Andrew Gold

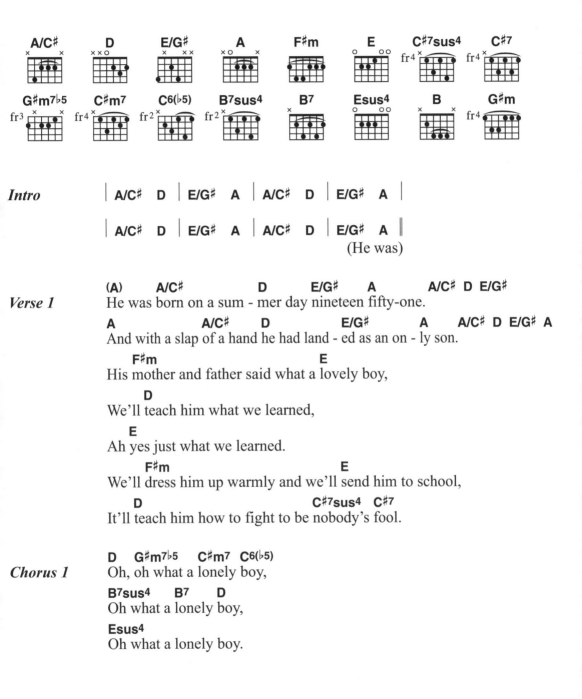

Intro | A/C♯ D | E/G♯ A | A/C♯ D | E/G♯ A |

| A/C♯ D | E/G♯ A | A/C♯ D | E/G♯ A ‖

(He was)

Verse 1

(A)   A/C♯   D   E/G♯   A   A/C♯ D E/G♯
He was born on a sum - mer day nineteen fifty-one.

A   A/C♯   D   E/G♯   A   A/C♯ D E/G♯ A
And with a slap of a hand he had land - ed as an on - ly son.

F♯m   E
His mother and father said what a lovely boy,

D
We'll teach him what we learned,

E
Ah yes just what we learned.

F♯m   E
We'll dress him up warmly and we'll send him to school,

D   C♯7sus4 C♯7
It'll teach him how to fight to be nobody's fool.

Chorus 1

D G♯m7♭5   C♯m7 C6(♭5)
Oh, oh what a lonely boy,

B7sus4   B7   D
Oh what a lonely boy,

Esus4
Oh what a lonely boy.

Link 1 | A/C♯ D | E/G♯ A | A/C♯ D | E/G♯ A ‖

Verse 2

(A)   A/C♯   D   E/G♯   A   A/C♯ D E/G♯
In the summer of fifty-three his mother brought him a sister.

A   A/C♯   D
And she told him we must attend to her needs,

        E/G♯   A   A/C♯ D E/G♯ A
        she's so much young - er than you.

        F♯m   E
Well he ran down the hall and he cried,

        D   E
Oh how could his parents have lied.

        F♯m   E
When they said he was an only son,

        D   C♯7sus4   C♯7
He thought he was the only one._____

Chorus 2   As Chorus 1

Link 2 | A/C♯ D | E F♯m | A/C♯ D | E F♯m |

| A/C♯ D | E F♯m | A/C♯ D | E F♯m |

| D | F♯m | D | F♯m |

| D | F♯m | D | F♯m   ‖

(F♯m)   D   F♯m
Goodbye mama,

                D   F♯m
Goodbye to you.

                D   F♯m
Goodbye papa,

                D   F♯m B A G♯m F♯m E
I'm pushing on through.

88

Bridge 1 | D | G#7♭5 C#m7 | C6(♭5) | B7sus4 B | D |

| Esus4 | A/C# D | E F#m | A/C# D | E F#m ‖
(He left)

Verse 3

(F#m) A/C#   D   E/G#   A   A/C# D E/G#
He left home on a win - ter day nineteen sixty-nine.

A   A/C#   D   E/G#
And he hoped to find all the love he had lost

                    A   A/C# D E/G# A
in that ear - lier time.

        F#m   E
Well his sister grew up and she married a man,

   D   E
He gave her a son, ah yes a lovely son.

     F#m   E
They dressed him up warmly, they sent him to school,

   D   C#7sus4 C#7
It taught him how to fight to be nobody's fool.

Chorus 3

D G#m7♭5   C#m7 C6(♭5)
Oh, oh what a lonely boy,

B7sus4   B7   D
Oh what a lonely boy,

Esus4   F#m E
Oh what a lonely boy.

Chorus 4

E   D   G#m7♭5   C#m7 C6(♭5)
Whoa, whoa, whoa oh what a lonely boy,

B7sus4   B7   D
Oh what a lonely boy,

E   A/C# D E/G# A
Oh what a lonely boy._____

Outro | A/C# D | E/G# A | A/C# D | E/G# A | A/C# D | E A ‖

Love Is The Drug

Words & Music by Bryan Ferry & Andy Mackay

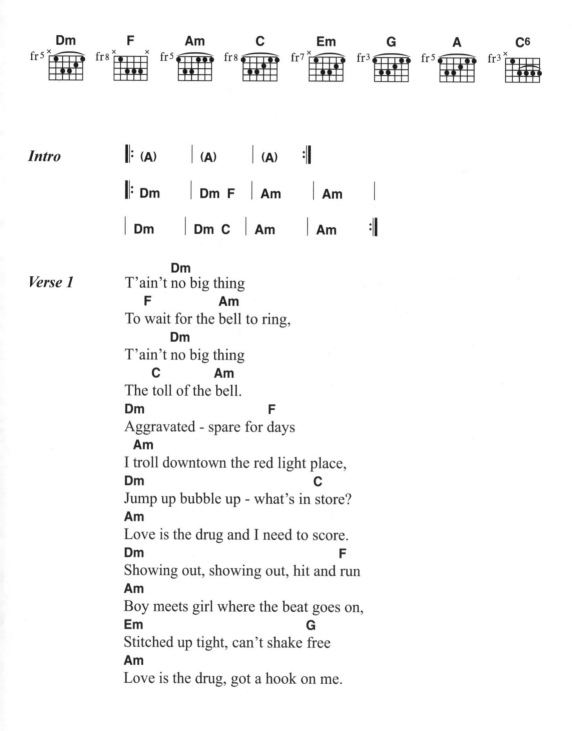

Intro

‖: (A) | (A) | (A) :‖

‖: Dm | Dm F | Am | Am |

| Dm | Dm C | Am | Am :‖

Verse 1

      Dm
T'ain't no big thing
   F   Am
To wait for the bell to ring,
      Dm
T'ain't no big thing
    C   Am
The toll of the bell.
Dm   F
Aggravated - spare for days
  Am
I troll downtown the red light place,
Dm   C
Jump up bubble up - what's in store?
Am
Love is the drug and I need to score.
Dm   F
Showing out, showing out, hit and run
Am
Boy meets girl where the beat goes on,
Em   G
Stitched up tight, can't shake free
Am
Love is the drug, got a hook on me.

	Dm F
Chorus 1	Oh, oh catch that buzz

Chorus 1

```
Dm                    F
Oh, oh catch that buzz
Am
Love is the drug I'm thinking of,
Em              G
Oh, oh can't you see
A                      (N.C)
Love is the drug for me.
```

Bridge 1

```
C        G    F Em Dm C
Ohh -o-o-o
C        G    F Em Dm C
Ohh -o-o-o
```

Verse 2

```
Dm                         F
Late that night I park my car
Am
Stake my place in the singles bar,
Dm                C
Face to face, toe to toe
Am
Heart to heart as we hit the floor.
Dm               F
Lumber up, limbo down
Am
The locked embrace, the stumble round,
Dm               C
I say go, she say yes
Am
Dim the lights, you can guess the rest.
```

Chorus 2

    Dm   **F**
Oh, oh catch that buzz

Am
Love is the drug I'm thinking of,

Dm   **C**
Oh, oh can't you see

Am
Love is the drug, got a hook in me.

Dm   **F**
Oh, oh catch that buzz

Am
Love is the drug I'm thinking of,

Dm   **C**
Oh, oh can't you see

Am
Love is the drug for me.

Bridge 2

Dm   **F Am**
Oh, oh   Oh, oh

Em   **G**   **Am**
Oh, oh   Oh, oh

Dm   **F Am**
Oh, oh   Oh, oh

Em   **G**   **A**
Oh, oh   Oh, oh

Outro

C   **G**   **F Em Dm C**
Ohh -o-o-o

C   **G**
Ohh -o-o-o

F   **Em F**   **Em F**   **Em Dm** **C6**
Love is, love is,   love is the drug.

Love The One You're With

Words & Music by Stephen Stills

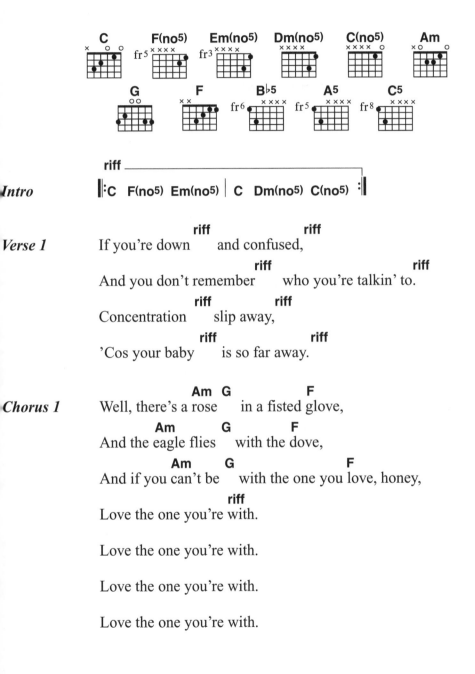

Intro

‖: C   F(no5)   Em(no5) | C   Dm(no5)   C(no5) :‖

riff

Verse 1

$\quad$ riff $\qquad$ riff
If you're down$\quad$ and confused,

$\qquad$ riff $\qquad\qquad$ riff
And you don't remember$\quad$ who you're talkin' to.

$\quad$ riff $\qquad$ riff
Concentration$\quad$ slip away,

$\quad$ riff $\qquad$ riff
'Cos your baby$\quad$ is so far away.

Chorus 1

$\qquad\qquad$ Am G $\qquad$ F
Well, there's a rose$\quad$ in a fisted glove,

$\qquad\quad$ Am $\qquad$ G $\qquad\quad$ F
And the eagle flies$\quad$ with the dove,

$\qquad\quad$ Am $\quad$ G $\qquad\qquad$ F
And if you can't be$\quad$ with the one you love, honey,

$\qquad\quad$ riff
Love the one you're with.

Love the one you're with.

Love the one you're with.

Love the one you're with.

Verse 2

riff   **riff**
Don't be angry,   don't be sad,

riff   **riff**
Don't sit cryin'   over good times you've had.

riff   **riff**
There's a girl   right next to you,

riff   **riff**
And she's just waiting   for something to do.

Chorus 2

              Am   **G**   **F**
Well, there's a rose   in a fisted glove,

         Am   **G**   **F**
And the eagle flies   with the dove,

           Am   **G**   **F**
And if you can't be   with the one you love, honey

                   riff
Love the one you're with.

Love the one you're with.

Love the one you're with.
B♭5   A5   B♭5   A5   B♭5 A5   C5
Do   do do   do   do   do   do do,
B♭5   A5   B♭5   A5   B♭5 A5   C5
Do   do do   do   do   do   do do,
B♭5   A5   B♭5   A5   B♭5 A5   C5
Do   do do   do   do   do   do do,
(C5)
Do do do,

Do do do.

Chorus 3

                   riff
Love the one you're with

                   riff
Love the one you're with

                   riff
Love the one you're with

                   riff
Love the one you're with

Verse 3

            riff   **riff**
Turn your heartache   right into joy,

       riff   **riff**
She's a girl,   and you're a boy.

         riff   **riff**
Get it together   make it nice,

          riff   **riff**
Ain't gonna need   any more advice.

Chorus 4

            Am **G**   **F**
Well, there's a rose   in a fisted glove,

            Am **G**   **F**
And the eagle flies   with the dove,

            Am   **G**   **F**
And if you can't be   with the one you love, honey

          riff
Love the one you're with.

             riff
Love the one you're with.

             riff
Love the one you're with.

             riff
Love the one you're with.

B♭5 **A5** **B♭5** **A5** **B♭5** **A5** **C5**
Do do do do do do do do,

B♭5 **A5** **B♭5** **A5** **B♭5** **A5** **C5**
Do do do do do do do do,

B♭5 **A5** **B♭5** **A5** **B♭5** **A5** **C5**
Do do do do do do do do,

(C5)
Do do do,

Do do do.

Lust For Life

Words & Music by David Bowie & Iggy Pop

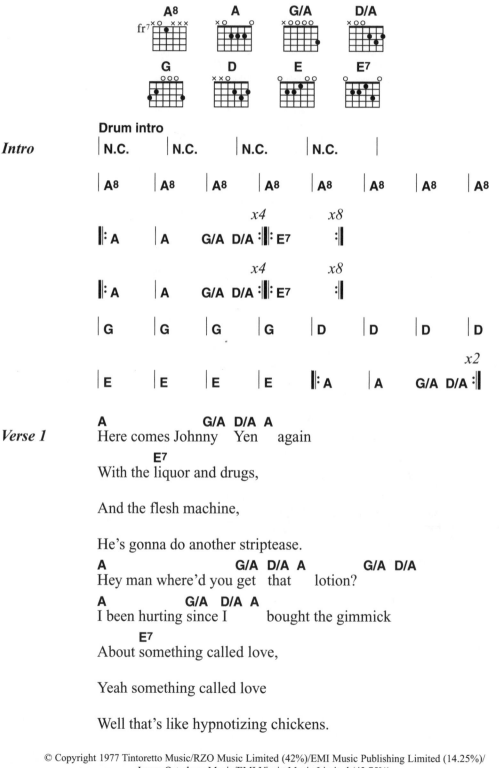

Drum intro

Intro

| N.C. | N.C. | N.C. | N.C. | |

| A8 | A8 | A8 | A8 | A8 | A8 | A8 | A8 | |

x4 *x8*

‖: A | A | G/A D/A :‖: E7 | :‖

x4 *x8*

‖: A | A | G/A D/A :‖: E7 | :‖

| G | G | G | G | D | D | D | D | |

x2

| E | E | E | E | ‖: A | A | G/A D/A :‖

Verse 1

A   G/A D/A A
Here comes Johnny Yen   again

       E7
With the liquor and drugs,

And the flesh machine,

He's gonna do another striptease.

A   G/A D/A A   G/A D/A
Hey man where'd you get that   lotion?

A   G/A D/A A
I been hurting since I   bought the gimmick

       E7
About something called love,

Yeah something called love

Well that's like hypnotizing chickens.

	G
Chorus 1	Well I am just a modern guy,
	D
	Of course I've had it in the ear before
	E
	'Cause of a lust for life
	A **N.C.**
	'Cause of a lust for life.

(Bass only) |**(A8)** |**(A8)** |**(A8)** |**(A8)** |

(A)

Verse 2 I'm worth a million in prizes

         (E)
With my torture film

Drive a G.T.O.

Wear a uniform,

All on a government loan.
A   **G/A D/A A**   **G/A**
I'm worth a million in   prizes
D/A   A   **D/A   A**
Yeah I'm through with sleeping on the sidewalk
         E7
No more beating my brains, no more beating my brains

With the liquor and drugs, with the liquor and drugs.

       G
Chorus 2 Well I am just a modern guy
       D
    Of course I've had it in the ear before
         E
'Cause of a lust for life,
         A   **D/A   A**
'Cause of a lust for life.

D/A   **A**   **D/A**   **A**
   I got a lust for life
D/A   **E7**
   Got a lust for life

Oh a lust for life

cont.

    A   **D/A** **A**   **D/A**
Oh a lust for life

    A   **D/A** **A**
A lust for life

       E⁷
I got a lust for life

I got a lust for life.

Chorus 3

    G
  Well I am just a modern guy

    D
   Of course I've had it in the ear before

         E
'Cause of a lust for life

        A   **D/A** **A**
'Cause of a lust for life.

Verse 3

D/A   **A**   **D/A** **A**
  Well here comes Johnny   Yen again

        E⁷
With the liquor and drugs

And the flesh machine

I know he's gonna do another striptease.

A   **D/A**   **A**   **D/A**
Hey man where'd you get that   lotion?

      A   **D/A**   **A**
Your skin starts itching once you   buy the gimmick

      E⁷
About something called love,

Oh love, love, love.

Well that's like hypnotizing chickens.

Chorus 4

    G
  Well I am just a modern guy

    D
   Of course I've had it in the ear before

         E⁷
'Cause of a lust for life

        A   **D/A** **A**
'Cause of a lust for life.

cont.

D/A   **A**
   Got a lust for life

D/A   **A**
   Yeah a lust for life,

       E⁷
I got a lust for life,

I got a lust for life,

I got a lust for life,

I got a lust for life,

      A   **D/A**
‖: I got a lust for life. :‖ *Repeat to fade*

The Man Who Sold The World

Words & Music by David Bowie

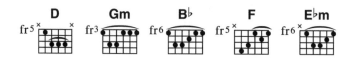

Intro | D | D | Gm | Gm | B♭ | B♭   ‖

Verse 1

Gm   D   Gm
We passed upon the stair, we spoke of was and when.
                          D   B♭
Although I wasn't there, he said I was his friend.
                                        F   D
Which came as some sur - prise, I spoke into his eyes.
                              Gm   F
I thought you died a - lone, a long, long time ago.

Chorus 1

F   B♭
Oh no, not me,
E♭m   B♭
I never lost con - trol.
          F   B♭
You're face to face
              E♭m   (D)
With the man who sold the world.

Link 1 | D | D | Gm | Gm | B♭ | B♭   ‖

Verse 2

Gm   D   Gm
I laughed and shook his hand, and made my way back home.
                                D   B♭
I searched for form and land, for years and years I roamed.
                          F   D
I gazed a gazely stare at all the millions here.
                              Gm   F
We must have died a - lone, a long, long time ago.

Chorus 2

    F   B♭
Who knows? Not me.

       E♭m   B♭
We never lost con - trol.

          F   B♭
You're face to face

         E♭m   B♭   E♭m
With the man who sold the world.

Chorus 3

    (E♭m) F   B♭
‖: Who   knows? Not me.

      E♭m   B♭
We never lost con - trol.

        F   B♭
You're face to face

         E♭m   B♭   E♭m
With the man who sold the world. :‖

Chorus 4

(E♭m) F   B♭
Who   knows? Not me.

      E♭m   B♭
We never lost con - trol.

        F   B♭
You're face to face

         E♭m   (D)
With the man who sold the world.

Outro

‖: D | D | Gm | Gm |

| B♭ | AB♭ | Gm | Gm   :‖ *Play 4 times and fade out*

Mind Games

Words & Music by John Lennon

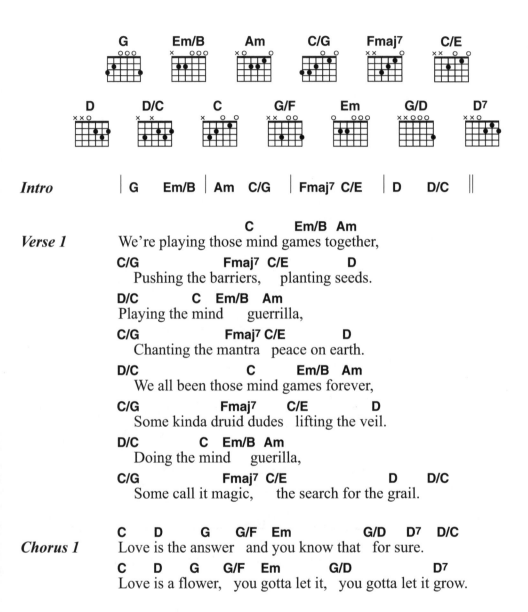

Intro | G   Em/B | Am   C/G | Fmaj⁷   C/E | D   D/C ‖

Verse 1

                                C   **Em/B Am**
We're playing those mind games together,

C/G   **Fmaj⁷ C/E**   **D**
   Pushing the barriers,   planting seeds.

D/C   **C Em/B Am**
Playing the mind   guerrilla,

C/G   **Fmaj⁷ C/E**   **D**
   Chanting the mantra peace on earth.

D/C   **C**   **Em/B Am**
   We all been those mind games forever,

C/G   **Fmaj⁷**   **C/E**   **D**
   Some kinda druid dudes lifting the veil.

D/C   **C Em/B Am**
   Doing the mind   guerilla,

C/G   **Fmaj⁷ C/E**   **D**   **D/C**
   Some call it magic,   the search for the grail.

Chorus 1

C   **D**   **G**   **G/F Em**   **G/D**   **D⁷**   **D/C**
Love is the answer and you know that for sure.

C   **D**   **G**   **G/F Em**   **G/D**   **D⁷**
Love is a flower, you gotta let it, you gotta let it grow.

Verse 2

D/C   **C**   **Em/B** **Am**
So keep on playing those mind games together,

C/G   **Fmaj7** **C/E**   **D**
 Faith in the future   outta the now.

D/C   **C** **Em/B** **Am**
 You just can't beat on those mind   guerillas,

C/G   **Fmaj7** **C/E**   **D**
 Absolute elsewhere in the stones of your mind.

D/C   **C**   **Em/B** **Am**
 Yeah, we're playing those mind games forever,

C/G   **Fmaj7** **C/E**   **D**   **D/C**
 Projecting our images   in space and in time.

Chorus 2

C   **D**   **G**   **G/F** **Em**   **G/D**   **D7** **D/C**
Yes is the answer and you know that for sure.

C   **D**   **G**   **G/F** **Em**   **G/D**   **D7**
Yes is surrender you gotta let it, you gotta let it go.

Verse 3

D/C   **C**   **Em/B** **Am**
So keep on playing those mind games together,

C/G   **Fmaj7** **C/E**   **D**
 Doing the ritual   dance in the sun.

D/C   **C** **Em/B** **Am**
 Millions of mind   guerrillas

C/G   **Fmaj7**   **C/E**   **D**
 Putting the soul power   to the Karmic wheel.

D/C   **C**   **Em/B** **Am**
 Keep on playing those mind games forever,

C/G   **Fmaj7** **C/E**   **D**   **D/C**
 Raising the spirit   of peace and love.

Chorus 3

C **Em/B** **Am** **C/G** **Fmaj7** **C/E**
Love, _____

D **D/C**   **C**   **Em/B** **Am**
       I want you to make love, not   war,

C/G   **Fmaj7** **C/E**   **D**
   I know   you've heard it before. *Fade out.*

Midnight At The Oasis

Words & Music by David Nichtern

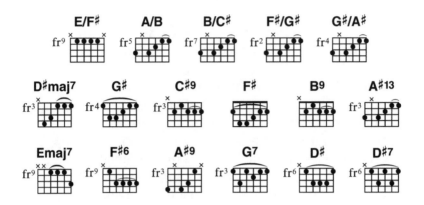

Intro | E/F♯   A/B   B/C♯ | F♯/G♯   G♯/A♯ |

Verse 1

D♯maj7   G♯ C♯9
   Midnight at the oa - sis

D♯maj7   G♯ C♯9
   Send your camel to bed

D♯maj7   G♯ C♯9
   Shadows paintin' our fac - es

F♯ B9 F♯/G♯   A♯13
Traces of romance in our heads.

D♯maj7   G♯ C♯9
   Heaven's holdin' a half-moon,

D♯maj7   G♯ C♯9
   Shinin' just for us,

D♯maj7   G♯ C♯9 F♯ B9
   Let's slip off to a sand dune, real soon

F♯/G♯   A♯13
And kick up a little dust.

Chorus 1

Emaj7 F♯6 A/B   B/C♯
Come on, Cactus is our friend

Emaj7 F♯6   A/B B/C♯
He'll   point out the way

Emaj7 F♯6 A/B   B/C♯
Come on, till the evenin' ends

F♯/G♯   A♯9
Till the evenin' ends.

Verse 2

D♯maj7   G♯   C♯9
   You don't have to answer

D♯maj7   G♯   C♯9
   There's no need to speak,

D♯maj7   G♯ C♯9 F♯ B9
   I'll be your belly dancer,   prancer

    F♯/G♯   A♯13
And you can be my sheik.

Guitar Solo

                                   x3
‖: D♯maj7 | G♯   C♯9 :‖ F♯ B9 | F♯/G♯ A♯13 |

                                     x3
‖: Emaj7 F♯6 | A/B   B/C♯ :‖ F♯/G♯ A♯9 |

Verse 3

D♯maj7   G♯ C♯9
   I know your Daddy's a sultan

D♯maj7   G♯   C♯9
   A nomad known to all,

D♯maj7   G♯   C♯9   F♯   B9
   With fifty girls to attend him, they all send him

F♯/G♯   A♯13
Jump at his beck and call.

D♯maj7   G♯   C♯9
   But you won't need no harem honey

D♯maj7   G♯   C♯9
   When I'm by your side

D♯maj7   G♯ C♯9 F♯ B9
   And you won't need no camel,   no, no

    F♯/G♯   A♯9
When I take you for a ride.

Chorus 2

Emaj7 F♯6 A/B   B/C♯
Come on, Cactus is our friend

Emaj7 F♯6   A/B B/C♯
He'll   point out the way,

Emaj7 F♯6 A/B   B/C♯
Come on, till the evenin' ends

F♯/G♯   A♯9
Till the evenin' ends.

Verse 4

D♯maj7   G♯   C♯9
Midnight at the oa - sis

D♯maj7   G♯   C♯9
Send your camel to bed

D♯maj7   G♯   C♯9
Got shadows paintin' our fac - es

     F♯ B9   F♯/G♯   A♯13
And traces of romance in our heads._____

Outro   ‖: G♯   G7 | D♯   D♯7   :‖   *Repeat to fade*

My Best Friend's Girl

Words & Music by Ric Ocasek

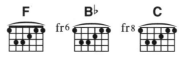

Intro ‖: F | B♭ C | F | B♭ C :‖

Verse 1

           F
You're always dancing down the street
B♭   **C**   **F** **B♭** **C**
   With your suede blue eyes
         F
And every new boy that you meet
B♭   **C**   **F**   **B♭**
   He doesn't know the real surprise
C   **F**
(Here she comes again)   **B♭**   **C**
         When she's dancing 'neath the starry sky
F **B♭**   **C**   **F**
   Oo,   she'll make you flip
             (Here she comes again)
       B♭   **C**
When she's dancing 'neath the starry sky
F **B♭**   **C**
   I kinda like the way she dips

Chorus 1

B♭ **C**   **B♭**
   Well she's my best friend's girl
C   **B♭** **C**
   She's my best friend's girl-irl
         F **B♭** **C** **F** **B♭** **C**
But she used to be mine

Verse 2

                  F
You've got your nuclear boots

B♭   **C**   **F**   **B♭**
  And your drip dry glove

C   **F**
  Oo when you bite your lip

B♭   **C**   **F**   **B♭**
  It's some re - action to love, o-ove, o-ove

C   **F**
(Here she comes again)

          B♭   **C**   **F**
When she's dancing 'neath the starry sky

     B♭   **C**   **F**
Yeah,   I think you'll flip

                  (Here she comes again)

          B♭   **C**   **F**
When she's dancing 'neath the starry sky

                      (Here she comes again)

        B♭   **C**   **B♭**
I kinda like the way, I like the way she dips

     C   **B♭**
  'Cause she's my best friend's girl

     C   **B♭**

Chorus 2
  Well she's my best friend's girl-irl

     C   **F**   **B♭ C**   **F**   **B♭ C**
  And she used to be mine,   she's so   fine

108

Instr.		B♭	C	B♭	C	
		B♭	C	F	B♭ C	
		F	B♭	C	‖	

F
Verse 3   You're always dancing down the street
B♭   C   F   B♭
   With your suede blue eye-eyes
C   F   B♭
   And every new boy that you meet
C   F   B♭
Doesn't know the real surprise
C   F
(Here she comes again)
         B♭   C   F
When she's dancing 'neath the starry sky
                   (Here she comes again)
B♭   C   F
Oh, she'll make you flip
          (Here she comes again)
         B♭   C   F
When she's dancing 'neath the starry sky
                   (Here she comes again)
       B♭   C   B♭
I kinda like the way, I like the way she dips

     F   B♭   C
Outro   ‖: (My best friend's girl - friend) :‖ *Repeat to fade*

New Rose

Words & Music by Brian James

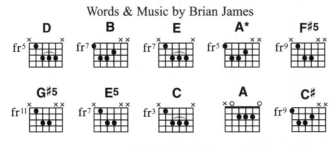

Tune slightly flat

(2 bar count in)

Intro
(Spoken)

Is she really going out with him?

Drums

| N.C. | N.C. | N.C. | N.C. | |

‖: D   B | E   A* :‖ *Play 4 times*

| A*   N.C.   F♯5   G♯5 |
Ah!

‖: E5 | E5   F♯5   G♯5 :‖ *Play 3 times*

| E5 | E5   ‖

Verse 1

C
I got a feelin' inside of me,

A
It's kinda strange like a stormy sea.

C
I don't know why, I don't know why,

A   F♯5   G♯5
I guess these things have got to be.

Chorus 1

E5   F♯5   G♯5
I got a new rose, I got her good,

E5   F♯5   G♯5
Guess I knew that I always would.

E5   F♯5   G♯5
I can't stop to mess around,

E5
I got a brand new rose in town.

Verse 2

C
See the sun, see the sun it shines

A
Don't get too close or it'll burn your eyes

C
Don't you run away that way

A   F#5   G#5
You can come back another day.

Chorus 2

E5   F#5   G#5
I got a new rose, I got her good

E5   F#5   G#5
Guess I knew that I always would

E5   F#5   G#5
I can't stop to mess around

E5
I got a brand new rose in town.

Link

| E5 | E5 | F#5 G#5 | E5 | E5 | |

Bridge

A*   B   C# | C# |
I never thought   this could happen to me

A*   B   C# | C# |
I feel so strange,   so why should it be?

A*   B   C# | C# |
I don't deserve   somebody this great

A*   B   C# | C# |
I'd better go   or it'll be too late, yeah.

Instrumental

‖: D   B | E   A* :‖ *Play 4 times*

| A*   N.C.   F#5   G#5 |

‖: E5 | E5   F#5 G#5 :‖ *Play 3 times*

| E5 | E5   ‖

Verse 3

C
I got a feelin' inside of me

A
It's kinda strange like a stormy sea

C
I don't know why, I don't know why

A   F#5   G#5
I guess these things have got to be.

Chorus 3

E5   F#5   G#5
I got a new rose, I got her good

E5   F#5   G#5
Guess I knew that I always would

E5   F#5   G#5
I can't stop to mess around

E5   F#5   G#5
I got a brand new rose in town.

Outro   ‖: E5 | E5   F#5   G#5 :‖ *Play 3 times*

                 | E5 | E5   N.C.   ‖

Night Fever

Words & Music by Barry Gibb, Maurice Gibb & Robin Gibb

Intro ‖: C#m7 | F#m7 | Emaj7 | F#m7 :‖

Verse 1

   B
Listen to the ground,

     A
There is movement all around,

     E
There is something goin' down

     B
And I can feel it.

On the waves of the air,

    C#m
There is dancin' out there,

  E   **A**
If it's somethin' we can share

  B
We can steal it.

Pre-chorus 1

    G#m
And that sweet city woman,

  A
She moves through the light

G#m   **D#m**
Controlling my mind and my soul.

    G#m
When you reach out for me

      C#m   **G#**
Yeah, and the feelin' is bright.

Chorus 1

       C♯m⁷   **F♯m⁷**
Then I get night fever, night fever,

           Emaj⁷ **F♯m⁷**
We know how to do it.

       C♯m⁷   **F♯m⁷**
Gimme that night fever, night fever,

           Emaj⁷ **F♯m⁷**
We know how to show it.

Middle 1

F♯
Here I am

C♯m   **F♯**
Prayin' for this moment to last,

C♯m   **F♯**
Livin' on the music so fine.

C♯m   **F♯**
Borne on the wind

C♯m   **F♯**   **C♯**
Makin' it mine. _____

Chorus 2

C♯m⁷   **F♯m⁷**
Night fever, night fever,

           Emaj⁷ **F♯m⁷**
We know how to do it.

       C♯m⁷   **F♯m⁷**
Gimme that night fever, night fever,

           Emaj⁷ **F♯m⁷**
We know how to show it.

Verse 2

      B
In the heat of our love,

         A
Don't need no help for us to make it,

       E
Gimme just enough to take us

      B
To the mornin'.

I got fire in my mind,

    C♯m
I get higher in my walkin'

      E   **A**
And I'm glowin' in the dark,

       B
I give you warnin'.

Pre-chorus 2

      G♯m
And that sweet city woman,

       A
She moves through the light

     G♯m   **D♯m**
Controlling my mind and my soul.

      G♯m
When you reach out for me

        C♯m   **G♯**
Yeah, and the feelin' is bright.

Chorus 3

      C♯m7   **F♯m7**
Then I get night fever, night fever,

          Emaj7 **F♯m7**
We know how to do it.

      C♯m7   **F♯m7**
Gimme that night fever, night fever,

          Emaj7 **F♯m7**
We know how to show it.

Middle 2

 F♯
Here I am

C♯m   **F♯**
Prayin' for this moment to last,

C♯m   **F♯**
Livin' on the music so fine.

C♯m   **F♯**
Borne on the wind

C♯m   **F♯** **C♯**
Makin' it mine. _____

Chorus 4

     C♯m7   **F♯m7**
‖: Gimme that night fever, night fever,

       Emaj7 **F♯m7**
We know how to do it.

      C♯m7   **F♯m7**
Just gimme that night fever, night fever,

       Emaj7 **F♯m7**
We know how to show it. :‖ *Repeat to fade*

Nutbush City Limits

Words & Music by Tina Turner

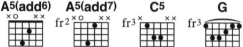

A5   A5(add6)   A5(add7)   C5   G

Play 3 times

Intro   ‖: A5 A5(add6) A5 A5(add6) | A7(add7) A5(add6) A5 A5(add6) :‖

| C5 | C5 | G | G ‖

| A5 A5(add6) A5 A5(add6) | A7(add7) A5(add6) A5 A5(add6) |

riff A _____

| A5 A5(add6) A5 A5(add6) | A7(add7) A5(add6) A5 A5(add6) |

Verse 1

  riff A   **riff A**
A church house gin house

  riff A   **riff A**
A school house out house

  riff A   **riff A**
On highway number nineteen

  riff A   **riff A**
The people keep the city clean

    C5   **G**
They call it Nutbush oh Nutbush

  riff A   **riff A**
Call it Nutbush City Limits

Verse 2

   riff A   **riff A**
Twenty-five was the speed limit

   riff A   **riff A**
Motor - cycle not allowed in it

    riff A   **riff A**
You go to the store on Friday

   riff A   **riff A**
You go to church on Sunday

    C5   **G**
They call it Nutbush. A little ol' town, oh Nutbush

  riff A   **riff A**
Call it Nutbush City Limits

Verse 3

          riff A   **riff A**
You go to the fields on weekdays

          riff A   **riff A**
And have a picnic on labour day

        riff A   **riff A**
You go to town on Saturday

          riff A   **riff A**
But go to the church ev'ry Sunday

        C5   **G**
They call it Nutbush oh Nutbush

      riff A   **riff A**
Call it Nutbush City Limits

riff A	riff A	riff A	riff A
riff A	riff A	riff A	riff A
C5	C5	G	G
riff A	riff A	riff A	riff A

Verse 4

    riff A   **riff A**
No whiskey for sale

        riff A   **riff A**
You can't cop no bail

     riff A   **riff A**
Salt pork and molasses

    riff A   **riff A**
Is all you get in jail

        C5   **G**
They call it Nutbush oh Nutbush

      riff A   **riff A riff A**   **riff A**
Call it Nutbush city   Nutbush city limits

Outro

  riff A   **riff A**
Little old town in Tennessee

That's called a quiet little old community

A one-horse town you have to watch

What you're puttin' down

In old nutbush

They call it nutbush   *Fade*

117

Paper Plane

Words & Music by Robert Young & Francis Rossi

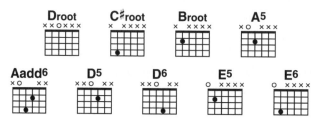

Capo first fret

Play 4 times

Intro

| Droot C#root Broot ‖: A5 A6 A5 A6 | A5 A6 A5 A6 Droot C#root Broot :‖

Verse 1

A5   A6 A5 A6 A5 A6   A5   A6   A5 A6 A5 Droot C#root Broot
Rid - ing on a   big white but - ter - fly

  A5   A6 A5   A6 A5   A6 A5   A6 A5 A6 A5 A6 A5 A6 A5 A6
I turned my back a - way to - wards the sky

  D5   D6 D5   D6 D5   D6 D5   D6
I closed my eyes to   look for some - thing

D5   D6   D5 D6 D5   D6 D5   D6
Saw my - self as   real - ly no - thing

A5   A6 A5 A6 A5   A6 A5   A6   A5 A6 A5 A6 A5 A6 A5 A6
Then I   re - al - ised my but - ter - fly

E5   E6 E5   E6 E5 E6   E5   E6
Was - n't real - ly up there with me

D5(N.C.)
We all make mistakes, forgive me

A5   A6 A5 A6 A5   A6 A5   A6   A5 A6 A5 Droot C#root Broot
Would you like to   ride my but - ter - fly

‖: A5 A6 A5 A6 | A5 A6 A5 A6 Droot C#root Broot :‖

Verse 2

A5   A6 A5 A6 A5   A6   A5   A6 A5 A6 A5 A6 A5 A6 Droot C#root Broot
Rid - ing on a   long blue pa - per plane

A5   A6   A5   A6   A5   A6 A5   A6 A5 A6 A5 A6 A5 A6 A5 A6
Get - ting sea - sick, sor - ry   once a - gain

D5   D6 D5   D6 D5   D6 D5   D6
Land - ing strip is   get - ting near - er

D5   D6 D5 D6   D5   D6 D5   D6
Hope the fog lifts, make it   clear - er

A5   A6 A5   A6   A5   A6 A5   A6   A5 A6 A5 A6 A5 A6 A5 A6
Then I   re - al - ised my pa - per plane

cont.

E5   E6 E5   E6 E5 E6   E5   E6
Was - n't real - ly up there with me

D5(N.C.)
We all make mistakes, fogive me

A5   A6   A5 A6 A5   A6 A5   A6 A5 A6 A5 A6 E5
Would you like to   ride my pa - per plane

Instr.

| A5 A6 A5 A6 | A5 A6 A5 A6 | A5 A6 A5 A6 | A5 A6 A5 A6 |

| A5 A6 A5 A6 | A5 A6 A5 A6 | A5 A6 A5 A6 | A5 A6 A5 A6 |

| D5 D6 D5 D6 | D5 D6 D5 D6 | D5 D6 D5 D6 | D5 D6 D5 D6 |

| A5 A6 A5 A6 | A5 A6 A5 A6 | A5 A6 A5 A6 | A5 A6 A5 A6 |

| E5(N.C.) | E5(N.C.) | D5(N.C.) | D5(N.C.) |

| A5 A6 A5 A6 | A5 A6 A5 A6 | A5 A6 A5 A6 | E5 ‖

Verse 2

A5   A6 A5 A6 A5   A6   A5   A6 A5 A6 A5 Droot C#root Broot
Rid - ing in a   three grand Deut - che car

A5 A6 A5 A6 A5   A6 A5   A6 A5 A6 A5 A5 A6 A5 A6 A5
A to B is of - ten ve - ry far

D5   D6 D5   D6 D5   D6 D5   D6
Home is   near, but such a   long way

D5   D6 D5   D6 D5 D6 D5   D6
Legs and heads all feel the wrong way

A5   A6 A5 A6 A5 A6 A5   A6 A5 A6 A5 A5 A6 A5 A6 A5
Then I   re - al - ised my Deut - che car

    E5   E6 E5   E6 E5 E6 E5   E6
Is on - ly   there to get me some - where

D5(N.C.)
Even so I really do care

A5   A6 A5 A6 A5 A6 A5   A6 A5 A6 A5 A6 E5
Would you like to   ride my Deut - che car

Outro

‖: As Instr. :‖

119

Reason To Believe

Words & Music by Tim Hardin

[chord diagrams: G6, G, Dsus2, C, D, A, Em, C*, D*]

Freely

Intro

| G6 G | Dsus2 G ‖

Verse 1

N.C.   G
If I listened long enough to you,
        C   D   G
I'd find a way to be - lieve that it's all true.
A   D   C   G
Knowing that you lied straight-faced while I cried,
     Em   C   D
Still I look to find a reason to be - lieve.

Chorus 1

D   C   D   Em
Someone like you makes it hard to live with - out
D
Somebody else,
           C   D   Em
Someone like you makes it easy to give,
        D
Never think about myself.

Verse 2

G.   D   G
If I gave you time to change my mind,
        C   D   G
I'd find a way just to leave the past behind.
A   D   C   G
Knowing that you lied straight-faced while I cried,
     Em   C   D
Still I look to find a reason to be - lieve.

Instr.

| C | D | Em | D | D |

| C | D | Em | D | D ‖

Verse 3

    G.   **D**   **G**
If I listened long enough to you,

          C   **D**   **G**
I'd find a way to be - lieve that it's all true.

  A   **D**   **C**   **G**
Knowing that you lied straight-faced while I cried,

       Em   **C**   **D**
Still I look to find a reason to be - lieve.

Freely

Link 1 | **Dsus2** | **G** | **Dsus2** | **G**   ‖

Chorus 2

N.C.
Someone like you makes it hard to live without

Somebody else,

         C   **D**   **Em**
Someone like you makes it easy to give,

        D
Never think a - bout myself.

Chorus 3

         C   **D**   **Em**
Someone like you makes it hard to live with - out
D
Somebody else,

         C   **D**   **Em**
Someone like you makes it easy to give,

        D
Never think a - bout myself.

Link 2 | **C** | **D** | **Em** | **D**   ‖

Chorus 4

D   **C**   **D**   **Em**
Someone like you makes it hard to live with - out
D
Somebody else,

         C   **D**   **Em**
Someone like you makes it easy to give,

        D
Never think a - bout myself.

Chorus 5

         C   **D**   **Em**
Someone like you makes it hard to live with - out
D
Somebody else.

Outro   ‖: **C** | **D** | **Em** | **D** | **D** :‖ *Repeat to fade*

Riders On The Storm

Words & Music by Jim Morrison, Robbie Krieger, Ray Manzarek & John Densmore

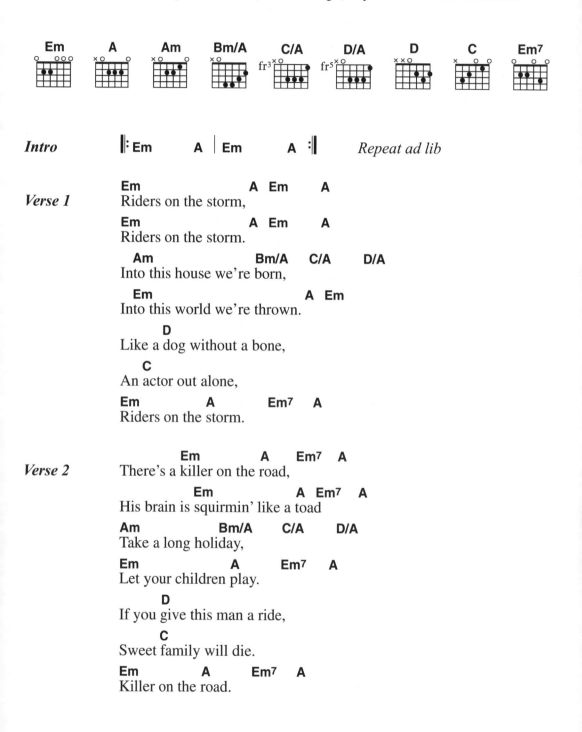

Intro   ‖: Em   A | Em   A :‖   *Repeat ad lib*

Verse 1

Em   A   Em   A
Riders on the storm,

Em   A   Em   A
Riders on the storm.

  Am   Bm/A   C/A   D/A
Into this house we're born,

  Em   A   Em
Into this world we're thrown.

    D
Like a dog without a bone,

   C
An actor out alone,

Em   A   Em⁷   A
Riders on the storm.

Verse 2

           Em   A Em⁷   A
There's a killer on the road,

           Em   A Em⁷   A
His brain is squirmin' like a toad

Am   Bm/A   C/A   D/A
Take a long holiday,

Em   A   Em⁷   A
Let your children play.

    D
If you give this man a ride,

    C
Sweet family will die.

Em   A   Em⁷   A
Killer on the road.

Instrumental | Em | Em | Em | Em | Am   Bm/A |

               | C/A   D/A   Em | Em | D | C |

               | Em   A | Em7   A | Em   A | Em7   A |

Verse 3

                  Em   **A**   **Em7**   **A**
Girl you gotta love your man,

                  Em   **A**   **Em7**   **A**
Girl you gotta love your man.

Am   **Bm/A**   **C/A**   **D/A**
Take him by the hand,

Em   **A**   **Em7**   **A**
Make him understand.

       D
The world on you depends,

        C
Our life will never end.

Em   **A**   **Em7**   **A**
Gotta love your man,   yeah.

Instrumental   ‖: **Em**   **A** | **Em7**   **A** :‖   *Repeat ad lib*

Verse 4   As Verse 1

Link   ‖: **Em**   **A** | **Em7**   **A** :‖   *play 4 times*

Outro

Em   **A**   **Em7**   **A**
Riders on the storm,

Em   **A**   **Em7**   **A**
Riders on the storm,

Em   **A**   **Em7**   **A**
Riders on the storm,

Em   **A**   **Em7**   **A**
Riders on the storm.

‖: **Em**   **A** | **Em7**   **A** :‖   *Repeat ad lib*

| ⌢
| **Em** |

Ring My Bell

Words & Music by Frederick Knight

Intro ‖: Cm │ Fm │ Cm │ G :‖

Verse 1
```
      Cm          Fm
I'm glad you're home
        Cm            G
Well, did you really miss me?
    Cm      Fm                      Cm                      G
I guess you did by the look in your eye (look in your eye, look in your ey
          Cm         Fm        Cm           G
Well lay back and re - lax while I put away the dishes
        Cm     Fm         Cm  G
Then you and me can rock-a-bye
```

Chorus 1
```
                  Cm    Fm          Cm  G
You can ring my be - e - ell, ring my bell
                  Cm    Fm          Cm  G
You can ring my be - e - ell, ring my bell
                  Cm    Fm          Cm  G
You can ring my be - e - ell, ring my bell
                  Cm    Fm          Cm  G
You can ring my be - e - ell, ring my bell
```

Verse 2
```
      Cm     Fm       Cm           G
The night is young and full of possi - bilities
           Cm   Fm          Cm  G
Well come on and let yourself be free____
    Cm     Fm   Cm            G
My love for you, so long I've been savin'
      Cm       Fm           Cm  G
To - night was made for you and me
```

| ***Chorus 2*** | As Chorus 1 |

| ***Instr*** | | Cm | Fm | Cm | G | |

| Cm | Fm | Cm | G |

Bridge

Cm   Fm
(You can ring my bell, you can ring my bell

Cm   G
Ding, dong, ding, ah - ah, ring it!

Cm   Fm
   You can ring my bell, anytime, anywhere

Cm   G
Ring it, ring it, ring it, ring it, oww!)

Cm   Fm
(You can ring my bell, you can ring my bell

Cm   G
Ding, dong, ding, ah - ah, ring it!

Cm   Fm
   You can ring my bell, anytime, anywhere

Cm   G
(Ring it, ring it, ring it, ring it, oww!)

| ***Outro*** | ‖: As Chorus 2 :‖ *Repeat to fade* |

Rhiannon

Words & Music by Stevie Nicks

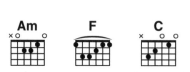

Intro | Am | Am | F | F |

| Am | Am | F | F ||

Verse 1

Am
Rhi - annon rings like a bell through the night

F
And wouldn't you love to love her,

Am
Takes to the sky like a bird in flight

F
And who will be her lover?

Chorus 1

C
All your life you've never seen

F
Wo - man taken by the wind.

C
Would you stay if she promised you Heaven,

F
Will you ever win?

Verse 2

Am
She is like a cat in the dark,

F
And then she is the darkness.

Am
She rules her life like a fine skylark

F
And when the sky is starless.

Chorus 2

C
All your life you've never seen

F
Wo - man taken by the wind.

C
Would you stay if she promised you Heaven,

F
Will you ever win,

F
Will you ever win?

Bridge

Am | Am   F |Am
                 Rhiannon,

     F   Am
Rhian - non,

     F   Am
Rhian - non,

     F
Rhiannon.

Verse 3

Am
She rings like a bell through the night

    F
And wouldn't you love to love her,

Am
She rules her life like a bird in flight

    F
And who will be her lover?

Chorus 3

C
All your life you've never seen

    F
Wo - man taken by the wind.

C
Would you stay if she promised you Heaven,

F
Will you ever win,

F
Will you ever win?

| F | F |

Bridge 2

```
       Am      | Am  F | Am
                  Rhiannon,

         F  Am
Rhian - non,

         F  Am
Rhian - non,

F                        Am
Taken by, taken by the sky,
F                        Am
Taken by, taken by the sky.
F                          Am
Taken by, taken by the sky.

 | F      | F      |
```

Guitar solo

```
‖: Am   | Am   | F      | F      |

 | Am   | Am   | F      | F      :‖
```

Outro

```
    Am
‖: Dreams unwind,

                   F
Love's a state of mind...  :‖  Repeat to fade
```

Rivers Of Babylon

Words & Music by Frank Farian, George Reyam, Brent Dowe & James McNaughton

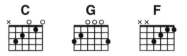

Intro
      C
(Ah ah ah ah, ah ah ah ah,
  G   **C**
Ah ah ah ah, ah ah ah ah ah.)

Chorus 1
           C
‖: By the rivers of Babylon there we sat down
  G   **C**
Yeah we wept when we remembered Zion. :‖

Verse 1
          C
‖: For the wicked carried us away in captivity,
  F   **C**
Require from us a song.

Now how shall we sing the Lord's song
  G   **C**
In a strange land? :‖

Instrumental As Intro

Verse 2
      C   **G**
‖: Let the words of our mouths
       C   **G**
And the meditation of our hearts
  C   **G**
Be acceptable in Thy sight
  C
Here tonight. :‖

Chorus 2
           C
‖: By the rivers of Babylon there we sat down
  G   **C**
Yeah we wept when we remembered Zion. :‖ *Repeat to fade*

Roadrunner

Words & Music by Jonathan Richman

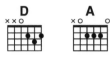

Intro

    N.C.
One two three four five six

Verse 1

D A   **A**   **D**
      Roadrunner road - runner

A   **D**
Going faster miles an hour

A   **D**
Gonna ride by the Stop-n-Shop

A   **D**
With the radio on

A   **D**
I'm in love with Massachusetts

A   **D**
And the neon when it's cold outside

A   **D**
And the highway when it's late at night

A   **D**
Got the radio on

         A   **D**
I'm like the roadrunner

‖ **A** | **A D** | **A** | **A D** | **A** | **A D** ‖

                            Alright

Verse 2

   A   D
I'm in love with modern moonlight

   A   D
128 when it's dark outside

   A   D
I'm in love with Massachusetts

   A   D
I'm in love with the radio on

   A   D
It helps me from being alone late at night

   A   D
It helps me from being lonely late at night

   A   D
I don't feel so bad now in the car

   A   D
Don't feel so alone, got the radio on

               A
Like the Roadrunner

               D
That's right

| A | A D | A | A D | A | A D ‖

Verse 3

       A   D
Said welcome to the spirit of 1956

A   D
Patient in the bushes next to '57

      A   D
The highway is your girlfriend as you go by quick

          A
Suburban trees, suburban speed

      A   D
And it smells like heaven

        A
And I say roadrunner once

Roadrunner twice

N.C.   A
I'm in love with rock and roll and I'll be out all night

Roadrunner

         D
That's right

Instr. ‖:A | A D :‖ *Play 15 times*

| A | A D | A | A D ‖

Well now

Verse 4

A   D
Roadrunner, roadrunner

A   D
Going faster miles an hour

A   D
Gonna drive to the Stop 'n' Shop

A   D
With the radio on at night

And me in love with modern moonlight

A   D
Me in love with modern rock and roll

A   D
Modern girls and modern rock and roll

A   D
Don't feel so alone, got the radio on

                  A
Like the roadrunner

O.K., now you sing Modern Lovers

D   A
(Radio On!)

I got the AM

D   A
(Radio On!)

Got the car, got the AM

D   A
(Radio On!)

Got the AM sound

D   A
(Radio On!)

cont. Got the rockin' modern neon sound
            D   A
          (Radio On!)

          I got the car from Massachusetts, got the
            D   A
          (Radio On!)

          I got the power of Massachusetts when it's late at night
            D   A
          (Radio On!)

          I got the modern sounds of modern Massachusetts
            D   A
          (Radio On!)

                                                      D   A
          I've got the world, got the turnpike, got the (Radio On)

          I've got the, got the power of the AM
                  D   A
          Got the (Radio On)

                                      D   A
          Late at night, rock & roll (Radio On)

          The factories and the auto signs got the power of modern sounds

              | A   D | A | A   D | A |
Outro   Alright
              | A   D | A | A   D | A   D |

              | A   D | A   D | A   E | A   ‖
                         Right,   bye bye!

Rocket Man

Words & Music by Elton John & Bernie Taupin

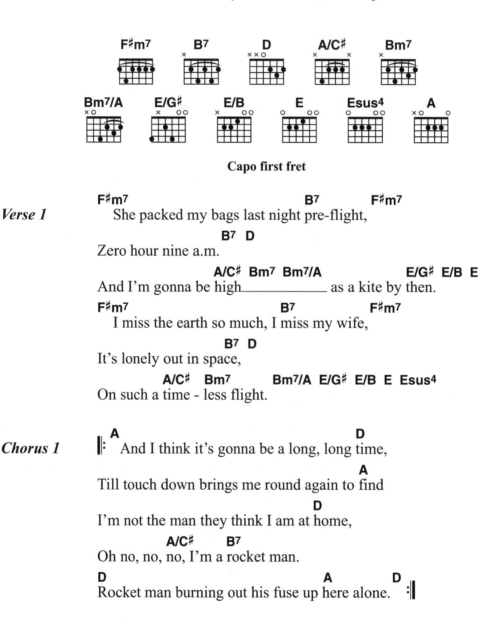

Capo first fret

Verse 1

F#m7   B7   F#m7
  She packed my bags last night pre-flight,

  B7 D
Zero hour nine a.m.

      A/C# Bm7 Bm7/A   E/G# E/B E
And I'm gonna be high_____ as a kite by then.

F#m7   B7   F#m7
  I miss the earth so much, I miss my wife,

    B7 D
It's lonely out in space,

     A/C# Bm7   Bm7/A E/G# E/B E Esus4
On such a time - less flight.

Chorus 1

    A   D
‖: And I think it's gonna be a long, long time,

                   A
Till touch down brings me round again to find

              D
I'm not the man they think I am at home,

    A/C#   B7
Oh no, no, no, I'm a rocket man.

D   A   D
Rocket man burning out his fuse up here alone. :‖

Verse 2
        F#m7   **B7**   **F#m7**
      Mars ain't the kind of place to raise your kids,

                        B7   **D**
In fact it's cold as hell.

                      A/C#   **Bm7**   **Bm7/A**   **E/G# E/B E**
And there's no one there to raise   them   if you did.

F#m7   **B7**   **F#m7**
   And all this science I don't un - derstand,

                                 B7
It's just my job five days a week,

          D   **A/C# Bm7 Bm7/A**   **E/G# E/B E Esus4**
A rocket man,⎯⎯⎯⎯⎯⎯ a rocket man.

Chorus 2   As Chorus 1

          (D)   **A**   **D**
Outro   ‖: And I think it's gonna be a long, long time.

                                 A   **D**
And I think it's gonna be a long, long time.

                               A   **D**
And I think it's gonna be a long, long time.

                               A   **D**
And I think it's gonna be a long, long time. :‖ *Repeat to fade*

School's Out

Words & Music by Alice Cooper, Michael Bruce, Dennis Dunaway, Neal Smith & Glen Buxton

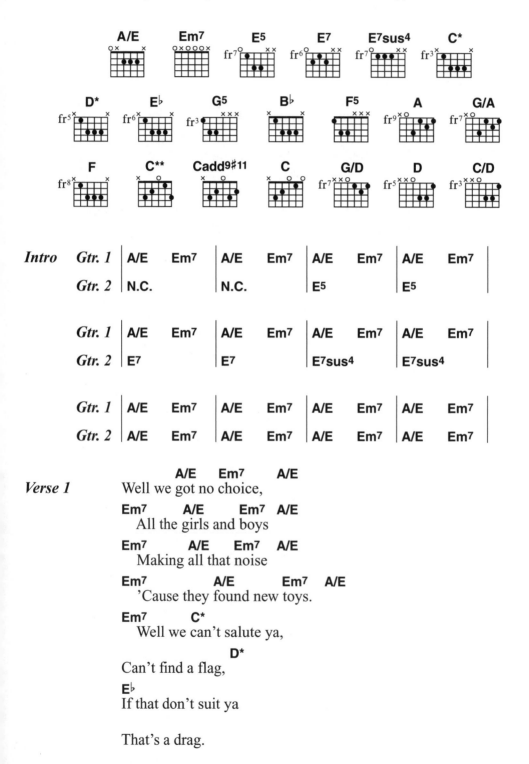

Intro

Gtr. 1	A/E Em7	A/E Em7	A/E Em7	A/E Em7	
Gtr. 2	N.C.	N.C.	E5	E5	

Gtr. 1	A/E Em7	A/E Em7	A/E Em7	A/E Em7	
Gtr. 2	E7	E7	E7sus4	E7sus4	

Gtr. 1	A/E Em7	A/E Em7	A/E Em7	A/E Em7	
Gtr. 2	A/E Em7	A/E Em7	A/E Em7	A/E Em7	

Verse 1

          A/E   Em7   A/E
Well we got no choice,

  Em7   A/E   Em7 A/E
  All the girls and boys

  Em7   A/E   Em7 A/E
  Making all that noise

  Em7   A/E   Em7 A/E
  'Cause they found new toys.

  Em7   C*
  Well we can't salute ya,

               D*
Can't find a flag,

  Eb
If that don't suit ya

That's a drag.

Chorus 1

G5   B♭ C* F5 G5
School's out for sum - mer.

     B♭ C* F5 G5
School's out for ev - er.

        B♭   C* F5 G5
School's been blown to pie - ces.

| A | G/A | F | F | |

C** Cadd9♯11 C Cadd9♯11 C** Cadd9♯11 C Cadd9♯11
No more pen - cils, no more bo - oks,

G/D D C/D D G/D D C/D D
No more tea - chers dir - ty looks yeah! *x4*

Link ‖: A/E Em7 | A/E Em7 :‖

     A/E Em7   A/E
Verse 2 Well we got no class,

Em7   A/E Em7   A/E
 And we got no principles,

Em7   A/E Em7   A/E
 And we got no innocence,

Em7   A/E   Em7 A/E Em7
 We can't even think of a word that rhymes.

Chorus 2

G5   B♭ C* F5 G5
School's out for sum - mer.

     B♭ C* F5 G5
School's out for ev - er.

          F5   C*
My school's been blown to pie - ces

C** Cadd9♯11 C Cadd9♯11 C** Cadd9♯11 C Cadd9♯11
No more pen - cils, no more bo - oks,

G/D D C/D D G/D D C/D D
No more tea - chers dir - ty looks!____

C** Cadd9♯11 C Cadd9♯11 C** Cadd9♯11 C Cadd9♯11
Out for sum - mer, out till fall,_____

G/D D C/D D G/D D C/D D
We might not go back at all. _____

G5   B♭ C* F5 G5
School's out for ev - er.

     B♭ C* F5 G5
School's out for sum - mer.

     B♭ C* F5 G5
School's out with fev - er.

       F5 C*
School's out com - plete - ly.

137

Rock With You

Words & Music by Rod Temperton

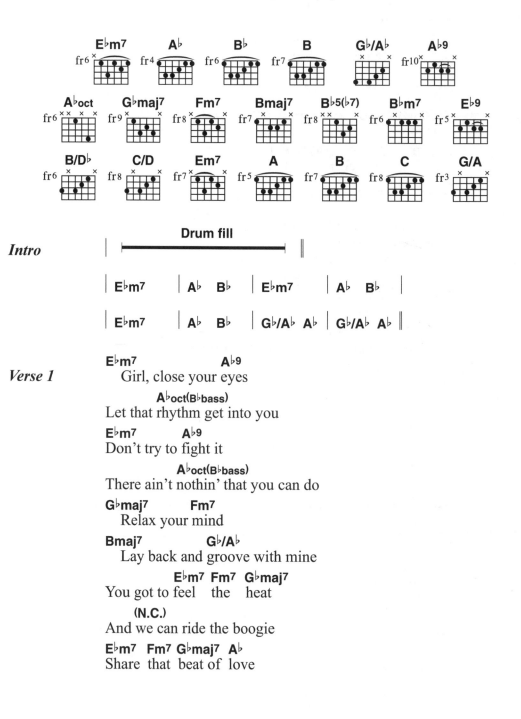

Intro

Drum fill

| E♭m7 | A♭ B♭ | E♭m7 | A♭ B♭ |

| E♭m7 | A♭ B♭ | G♭/A♭ A♭ | G♭/A♭ A♭ ‖

Verse 1

E♭m7   A♭9
  Girl, close your eyes

       A♭oct(B♭bass)
Let that rhythm get into you

E♭m7   A♭9
Don't try to fight it

       A♭oct(B♭bass)
There ain't nothin' that you can do

G♭maj7   Fm7
  Relax your mind

Bmaj7   G♭/A♭
  Lay back and groove with mine

         E♭m7 Fm7 G♭maj7
You got to feel   the   heat

   (N.C.)
And we can ride the boogie

E♭m7 Fm7 G♭maj7 A♭
Share that beat of love

Chorus 1

      E♭m7   A♭ B♭
I wanna rock with you (all night)

E♭m7   A♭   B
Dance you into day (sun - light)

      E♭m7   A♭ B♭
I wanna rock with you (all night)

           G♭/A♭   A♭   G♭/A♭ A♭
We're gonna rock the night away

Verse 2

E♭m7   A♭9
  Out on the floor

        B♭5(♭7)
There ain't nobody there but us

E♭m7   A♭9
  Girl, when you dance

        B♭5(♭7)
There's a magic that must be love

G♭maj7   Fm7
  Just take it slow

Bmaj7   G♭/A♭
'Cause we got so far to go

           E♭m7 Fm7 G♭maj7
You got to feel   the   heat

     (N.C.)
And we can ride the boogie

E♭m7 Fm7 G♭maj7 A♭
Share that beat of love

Chorus 2   As Chorus 1

Bridge

B♭m7   E♭9
And when the groove is dead and gone (yeah)

                G♭maj7   Fm7
You know that love sur - vives

           Bmaj7   A♭
So we can rock for - ever

Instr.

| E♭m7 | A♭ B♭ | E♭m7 | A♭ B | E♭m7 |
On...

| A♭ B♭ B/D♭ | B/D♭ | B/D♭ |
I wanna rock with you   I wanna groove with you_

| E♭m7 | A♭ B♭ | E♭m7 | A♭ B | E♭m7 |

| A♭ B♭ B/D♭ | B/D♭ | B/D♭ C/D ‖
I wanna rock with you   I wanna groove with you

Chorus 3

        Em7 A B   Em7 A   C
I wanna rock (all night) with you girl (sun - light)

Em7   A B
Rock with you, rock with you girl (all night)

G/A   A   G/A A
Dance the night away

Chorus 3

        Em7   A B
‖: I wanna rock with you (yeah) (all night)

Em7   A   C
Rock you into day (sun - light)

        Em7   A B
I wanna rock with you (all night)

G/A   A   G G/A
Rock the night away

        Em7   A B
Feel the heat feel the beat (all night)

           A   C
Rock you into day (sun - light) :‖ *Repeat to fade*

Since You've Been Gone

Words & Music by Russ Ballard

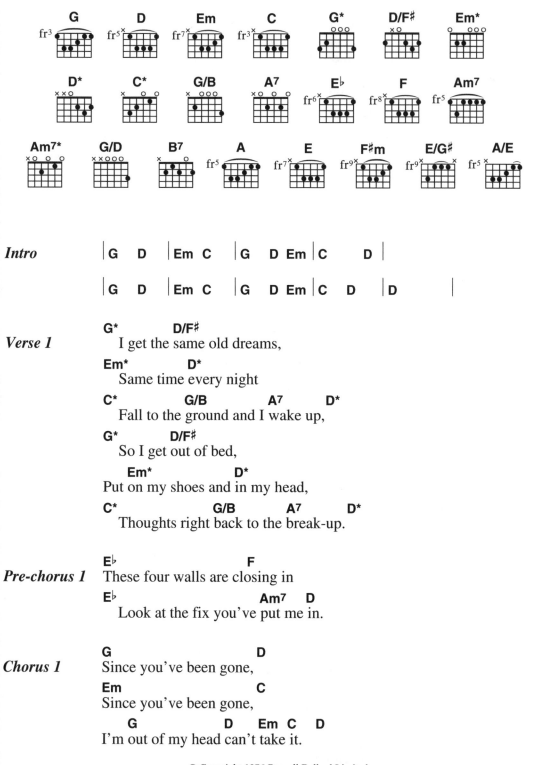

Intro

| G | D | Em C | G | D Em | C | D |

| G | D | Em C | G | D Em | C | D | D |

Verse 1

G*   D/F#
I get the same old dreams,

Em*   D*
Same time every night

C*   G/B   A7   D*
Fall to the ground and I wake up,

G*   D/F#
So I get out of bed,

  Em*   D*
Put on my shoes and in my head,

C*   G/B   A7   D*
Thoughts right back to the break-up.

Pre-chorus 1

E♭   F
These four walls are closing in

E♭   Am7 D
Look at the fix you've put me in.

Chorus 1

G   D
Since you've been gone,

Em   C
Since you've been gone,

G   D Em C D
I'm out of my head can't take it.

```
G                    D
Could I be wrong,
       Em                      C
But since you've been gone
G              D Em    C    D
You cast a spell, so break it.
G          D Em      C G        D  Em
Woah-oh,   woah-oh,   woah-oh
C              D
   Since you've been gone.
```

Verse 2

```
G*           D/F♯
   So in the night I stand
Em*           D*
   Beneath the back street light
C*          G/B            A7    D*
   I read the words that you sent to me.
G*                 D/F♯
   I can take the afternoon
     Em*               D*
But night-time comes around too soon
C*          G/B            A7            D*
   You can't know what you mean to me.
```

Pre-chorus 2

```
E♭                       F
Your poison letter, your telegram
E♭                          Am7  D
   Just goes to show you don't give a damn.
```

Chorus 2

```
G                      D
Since you've been gone,
Em                      C
Since you've been gone,
     G            D    Em C    D
I'm out of my head can't take it.
G                 D
Could I be wrong,
       Em                      C
But since you've been gone,
G              D Em    C    D
You cast a spell, so break it.
G          D Em      C G        D  Em
Woah-oh,   woah-oh,   woah-oh
C              D
   Since you've been gone.
```

Instrumental | G*   Am7* | G/B C* | G/D B7 | Em* G/D | C* Am7* D* |

Bridge

G*   Am7*   G/B
If you will come back

C*   G/D   B7   Em*   G/D C* Am7*
Baby, you know you'll never do wrong_____

| D |

Chorus 3

A   E
Since you've been gone,

F♯m   D
Since you've been gone,

      A   E F♯m D   E
I'm out of my head can't take it.

A   E
Could I be wrong,

   F♯m   D
But since you've been gone,

A   E F♯m D   E
You cast a spell, so break it.

A   E/G♯ F♯m   F   A/E   E   F♯m   F
Woah-oh,   oh - oh,   oh - oh,   oh - oh,

A/E   E   A
Ever since you've been gone.

Instrumental ||: A E | F♯m D | A E F♯m | D E :||

Outro chorus

A   E
Since you've been gone,

F♯m   D
Since you've been gone,

      A   E F♯m D   E
I'm out of my head can't take it . . .

Repeat to fade

Spanish Stroll

Words & Music by Willy De Ville

Intro ‖ E | A B | E | A B | E | A B ‖

| E | A B | E | A B |

Link I
| E | A B | E | B |
O_ O O O   O_ O O O
| E | A B | E | B ‖
O_ O O O   O

Verse 1

        E A B   E   A B
Hey Mr. Jim   I can see the shape you're in
E   A B
Finger on your eyebrow
        E   A B
And left hand on your hip

             E   A B
Thinking that you're such a lady killer
E   A B
Think you're so slick!

Alright

Link 2   As Link 1

Verse 2

   E   A   B   E   A B
   Brother Johnny, he caught a plane and he got on it
         E   A B
Now he's a razor in the wind
         E   A B
And he got a pistol in his pocket

```
                                          E                 A B
cont.             They say the man is crazy on the Coast
                             E                    A
                  Lord there ain't no doubt about it!
                        B
                  Well al - right


Link 3            As Link 1


                  E        A       B          E           A B
Verse 3             Sister Sue    tell me baby what are we gonna do
                             E                A B
                  She said    take two candles,
                                E             A B
                  And then you    burn them out
                  E                  A B          E              A
                  Make a paper boat,    light it and... send it out
                  B
                      Send it out now.


Link 4            As Link 1


                  E            A                           E
Bridge              Hey Rosita!    Donde vas con mi carro Rosita?
                                    A
                  Tu sabes que te quiero
                             E
                  Pero ti me quitas todo

                                          A
                  Ya te robasta mi television    y mi radio
                                             E
                  Y ahora quiere llevarse mi    carro
                                        A
                  No me haga asi, rosita

                  Ven aqui
                  E                    B
                    Ehi, estese aqui al lado rosita


Ontro             ‖: Bm    | A      :‖   Repeat to fade
(Instr.)            O__ O  O  O O                              145
```

S-s-s-single Bed

Words & Music by Kenny Young

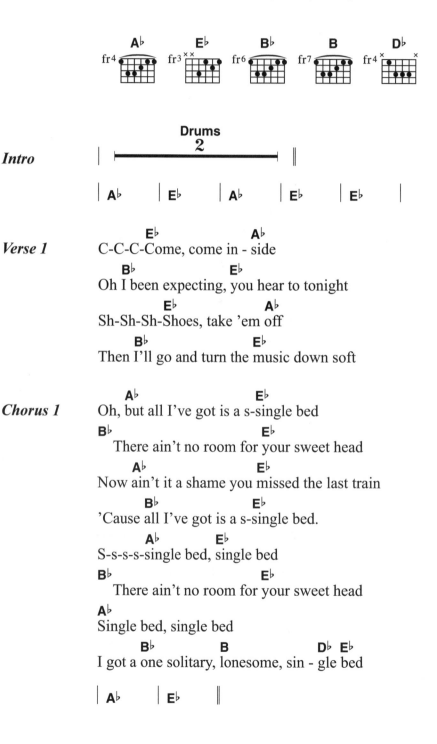

Intro

Drums
2

| A♭ | E♭ | A♭ | E♭ | E♭ | |

Verse 1

     E♭   A♭
C-C-C-Come, come in - side
  B♭   E♭
Oh I been expecting, you hear to tonight
      E♭   A♭
Sh-Sh-Sh-Shoes, take 'em off
   B♭   E♭
Then I'll go and turn the music down soft

Chorus 1

      A♭   E♭
Oh, but all I've got is a s-single bed
B♭   E♭
 There ain't no room for your sweet head
    A♭   E♭
Now ain't it a shame you missed the last train
    B♭   E♭
'Cause all I've got is a s-single bed.
     A♭   E♭
S-s-s-s-single bed, single bed
B♭   E♭
 There ain't no room for your sweet head
A♭
Single bed, single bed
    B♭   B   D♭ E♭
I got a one solitary, lonesome, sin - gle bed

| A♭ | E♭ | |

| | E♭   A♭ |
| *Verse 2* | P-P-P Pour, out your wine |

                E♭   **A♭**

Verse 2   P-P-P Pour, out your wine

                   B♭   **E♭**

     An we could explore, each others minds

                                   A♭

     T-T-T Time, don't half fly

                   B♭   **E♭**

     When the pleasures of life, are reaching so high, (high)

Chorus 2   As Chorus 1

                E♭

Bridge   A-buh-buh-buh-buh-ba-doop-bow

     A♭   **B♭**

     Baby don't you cry, bye-bye baby, bye-bye...

     (Continue Solo)

     | E♭ | E♭ | A♭ | B♭ | E♭ |

             A♭   **E♭**

Chorus 3   Oh, but all I've got is a s-single bed

     B♭   **E♭**

      There ain't no room for your sweet head

             A♭   **E♭**

     Now ain't it a shame you missed the last train

                 B♭   **E♭**

     'Cause all I've got is a s-single bed.

     A♭   **E♭**

     S-s-s-s-single bed, single bed

     B♭   **E♭**

      There ain't no room for your sweet head

     A♭   **E♭**

     Single bed, single bed

               B♭   **B**   **D♭ E♭**

     I got a one solitary, lonesome, sin - gle bed

     A♭   **E♭**

     Single bed, single bed

               B♭   **B**   **D♭ E♭**

     I got a one solitary, lonesome, sin - gle bed

Outro | A♭ | E♭ | A♭ | E♭   ‖

Street Life

Words by Will Jennings
Music by Joe Sample

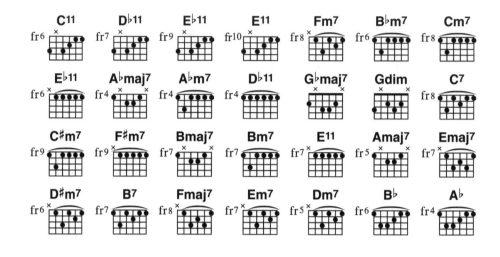

Intro | C11 Db11 Eb11 E11 | Fm7 | Bbm7 | Fm7 | Bbm7 ||

Verse 1

(Bbm7)   Fm7   Bbm7
I play the street life, because there's no place I can go,
Cm7   Fm7
Street life, It's the only life I know.
                                              Bbm7
Street life, and there's a thousand parts to play,
Cm7   Fm7
Street life, until you play your life away.

Bridge 1

            Bbm7   Eb11   Cm7   Fm7
You let the people see just who you wanna be,
            Bbm7   Eb11   Abmaj7
And every night you shine just like a superstar.
            Abm7   Db11   Gbmaj7   Gdim
The type of life that's played, a ten cent masque - rade.
            Bbm7   Eb11   Abmaj7   C7
You're dress, you're walk, you're talk, you're who you think you are.

Verse 2

Fm⁷   **B♭m⁷**
Street life, you can run away from time,

Cm⁷   **Fm⁷**
Street life, for a nickel, for a dime.

             B♭m⁷
Street life, but you better not get old,

Cm⁷   **Fm⁷**
Street life, or you're gonna feel the cold.

Bridge 2

        B♭m⁷   **E♭11**   **Cm⁷**   **Fm⁷**
There's always love for sale, a grown up fairy tale,

     B♭m⁷   **E♭11**   **A♭maj⁷**
Prince Charming always smiles be - hind a silver spoon.

    C♯m⁷ **F♯11** **Bmaj⁷**   **Bm⁷**   **E11**   **Amaj⁷**
And if you keep it young, your song is always sung,

     B♭m⁷   **E♭11**   **A♭maj⁷**
Your love will pay your way be - neath the silver moon.

Chorus 1

Emaj⁷   **D♯m⁷** **C♯m⁷** **B⁷**
Street life,

Emaj⁷   **D♯m⁷** **C♯m⁷** **B⁷**
Street life,

Fmaj⁷   **Em⁷** **Dm⁷** **C⁷**
Street life,

Fmaj⁷   **Em⁷** **Dm⁷**
Oh street life.

Interlude

| **B♭**   **A♭** | **B♭** | **B♭**   **A♭** | **B♭** |
           Hmm,   Yeah,

| **B♭**   **A♭** | **B♭** | **B♭**   **A♭** | **C11** **D♭11** **E♭11** **E11** ‖
                 Ooh.   (I play the)

        Fm⁷   **B♭m⁷**
I play the street life because there's no place I can go,

Cm⁷   **Fm⁷**
Street life, it's the only life I know.

             B♭m⁷
Street life, and there's a thousand parts to play,

Cm⁷   **Fm⁷**
Street life, until you play your life away.

Oh!

Piano solo	Fm7	B♭m7	Cm7	Fm7

Piano solo

Fm7	B♭m7	Cm7	Fm7
Fm7	B♭m7	Cm7	Fm7
B♭m7 E♭11	Cm7 Fm7	B♭m7 D♭11	A♭maj7
A♭m7 D♭11	G♭maj7 Gdim	B♭m7 E♭11	A♭maj7 C7 ‖

Sax solo

Fm7	B♭m7	Cm7	Fm7
Fm7	B♭m7	Cm7	Fm7
B♭m7 E♭11	Cm7 Fm7	B♭m7 D♭11	A♭maj7
C♯m7 F♯11 Bmaj7	Bm7 E11 Amaj7	B♭m7 E♭11	A♭maj7 ‖

Chorus 2

Emaj7   D♯m7 C♯m7 B7
Street life,

Emaj7   D♯m7 C♯m7 B7
Street life,

Fmaj7   Em7 Dm7 C7
Street life,

Fmaj7   Em7 Dm7
Oh street life.

Outro

‖: B♭ A♭ | B♭ | B♭ A♭ | B♭   :‖ *Repeat ad lib. to fade*

Sunday Girl

Words & Music by Chris Stein

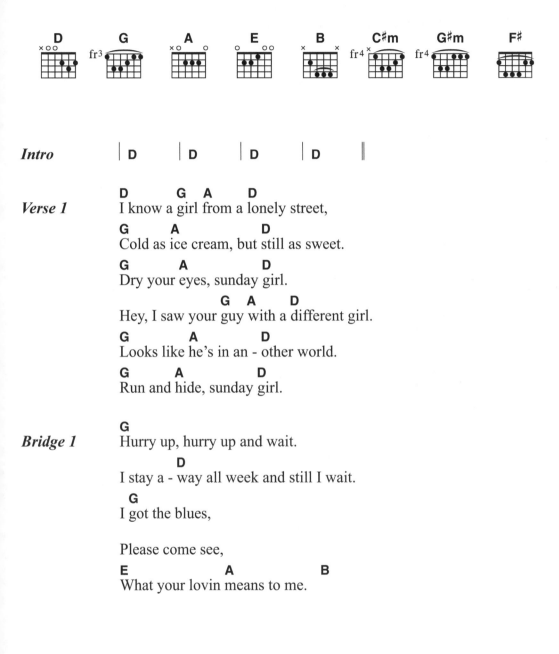

Intro

| D | D | D | D ‖

Verse 1

    D   G   A   D
I know a girl from a lonely street,

    G   A   D
Cold as ice cream, but still as sweet.

    G   A   D
Dry your eyes, sunday girl.

                    G   A   D
Hey, I saw your guy with a different girl.

    G   A   D
Looks like he's in an - other world.

    G   A   D
Run and hide, sunday girl.

Bridge 1

    G
Hurry up, hurry up and wait.

             D
I stay a - way all week and still I wait.

    G
I got the blues,

Please come see,

    E   A   B
What your lovin means to me.

Verse 2

```
E        A    B       E
```
She can't catch up with the lucky crowd,
```
      A        B           E
```
The weekend mood and she's feeling proud.
```
A    B           E
```
Live in dreams, sunday girl.
```
      A      B       E
```
"Baby, I would like to go out tonight".
```
      A       B            E
```
"If I go with you my folks will get uptight".
```
A    B            C#m
```
Stay at home, sunday girl.
```
       G#m   F#  A   B
```
Oooh____

Verse 3

```
E            A   B    E
```
Hey, I saw your guy with a different girl,
```
A      B        E
```
Looks like he's in an - other world.
```
A     B            E
```
Run and hide, sunday girl.
```
        A        B        E
```
When, I saw you a - gain in the summer time,
```
A      B        E
```
If your love was as sweet as mine,
```
A      B       E
```
I could be sunday girl.

Bridge 2

```
A
```
Hurry up, hurry up and wait.
```
        E
```
I stay a - way all week and still I wait.
```
  A
```
I got the blues,

Please come see,
```
E
```
What your lovin means to me.

Bridge 3	**A** Hurry up!

                             E
Hurry up, hurry up and wait.

                          A
I got the blues, please, please.

Please come see,
         E
What you do to me.

I got the blues.

Interlude

| A | A | E | E | |
| A | A | E | E | ‖ |

Bridge 4

A   **E**
  Hurry up!

                        A
Hurry up, hurry up and wait.

Hurry up!
E
Please come see,
               A
What you do to me.

Outro ‖: A | A | E | E :‖ *Play 4 times then fade*
  (me.)

153

Suzanne Beware Of The Devil

Words & Music by Mulby Robert Thompson

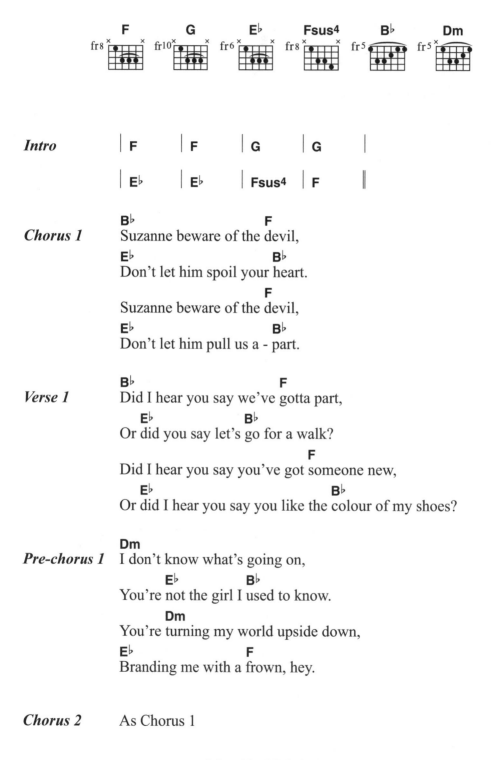

Intro | F | F | G | G |

| E♭ | E♭ | **Fsus4** | F   ‖

Chorus 1
B♭   **F**
Suzanne beware of the devil,
E♭   **B♭**
Don't let him spoil your heart.

                                F
Suzanne beware of the devil,
E♭   **B♭**
Don't let him pull us a - part.

Verse 1
B♭   **F**
Did I hear you say we've gotta part,
   E♭   **B♭**
Or did you say let's go for a walk?
                                        F
Did I hear you say you've got someone new,
   E♭   **B♭**
Or did I hear you say you like the colour of my shoes?

Pre-chorus 1
Dm
I don't know what's going on,
      E♭   **B♭**
You're not the girl I used to know.
      Dm
You're turning my world upside down,
E♭   **F**
Branding me with a frown, hey.

Chorus 2   As Chorus 1

Verse 2

B♭   F
Did I hear you say you're leaving town,
   E♭   B♭
Or did you say you're sticking around?
                              F
Did I hear you say you're serious,
   E♭   B♭
Or did you say it's all a bluff?

Pre-chorus 2

Dm
Why do you wanna change our dreams,
E♭   B♭
All the things we've planned and schemed?
Dm
Do you really wanna go,
  E♭   F
Or is it just an overnight throw, hey.

Chorus 3   As Chorus 1

Bridge

| F | F | G | G | |
| E♭ | E♭ | Fsus4 | F | ‖ |

Verse 3   As Verse 1

Pre-chorus 3 As Pre-chorus 1

Chorus 4

   B♭   F
‖: Suzanne beware of the devil,
E♭   B♭
Don't let him spoil your heart.
                        F
Suzanne beware of the devil,
E♭   B♭
Don't let him pull us a - part. :‖   *Repeat to fade*

Sweet Caroline

Words & Music by Neil Diamond

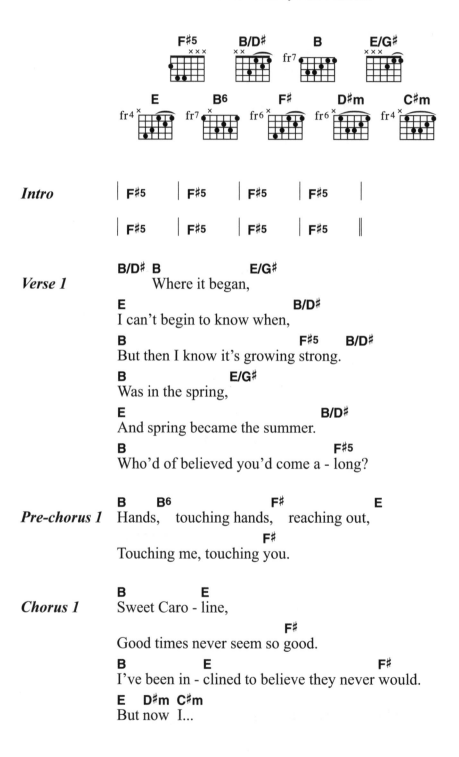

Intro | F#5 | F#5 | F#5 | F#5 |

             | F#5 | F#5 | F#5 | F#5 ||

Verse 1

B/D#   B   E/G#
         Where it began,

E   B/D#
I can't begin to know when,

B   F#5   B/D#
But then I know it's growing strong.

B   E/G#
Was in the spring,

E   B/D#
And spring became the summer.

B   F#5
Who'd of believed you'd come a - long?

Pre-chorus 1

B   B6   F#   E
Hands,   touching hands,   reaching out,

                       F#
Touching me, touching you.

Chorus 1

B   E
Sweet Caro - line,

                     F#
Good times never seem so good.

B   E   F#
I've been in - clined to believe they never would.

E   D#m   C#m
But now   I...

Verse 2

```
         B/D♯ B              E/G♯
            Look at the night,
         E                   B/D♯
         And it don't seem so lonely,
         B              F♯5    B/D♯
         We fill it up with only two.
         B              E/G♯
         And when I hurt,
         E                        B/D♯
         Hurting runs off my shoulders.
         B              F♯5
         How can I hurt when holding you?
```

Pre-chorus 2

```
         B    B6         F♯              E
         One,  touching one,  reaching out
                                 F♯
         Touching me, touching you.
```

Chorus 2

```
         B           E
         Sweet Caro - line,
                             F♯
         Good times never seem so good.
         B           E                 F♯
         I've been in - clined to believe they never would.
         E  D♯m C♯m
         Oh no,  no.
```

Link

```
      | F♯5   | F♯5   | F♯5   | F♯5   |

      | F♯5   | F♯5   | F♯5   | F♯5   ‖
```

Chorus 3

```
       ‖: B           E
          Sweet Caro - line,
                             F♯
         Good times never seem so good.
         B           E
         Sweet Caro - line,
                    F♯
         I believe they never could. :‖  *Repeat to fade*
```

Take Me I'm Yours

Words & Music by Chris Difford & Glen Tilbrook

Gm	Gm7	Gm6	Gm♮6	Cm	E♭5	D5	D5(♭9)
fr3	fr3	fr3	fr3	fr3	fr6	fr5	fr5

Intro | Gm | Gm | Gm | Gm7 |

| Gm6 | Gm♮6 | Gm ‖

Verse 1

Gm
I've come across the desert to greet you with a smile,
Cm
My camel looks so tired, it's hardly worth my while
Gm
To tell you of my travels across the golden East.
Cm   **Gm**
I see your preparations, invite me first   to feast.

Chorus 1

E♭5 D5   Gm
Take me I'm yours,
          E♭5   D5   Gm
Because dreams are made of this.
          D5   **D5(♭9)   Gm**
For - ever there'll be a heaven in your kiss.

Intro | Gm | Gm | Gm | Gm ‖
(kiss.)

Verse 2

          Gm
A - musing belly dancers distract me from my wine,

          Cm
A - cross Tibetian mountains are memories of mine.

          Gm
I've stood some ghostly moments with natives in the hills.

          Cm   **Gm**
Re - corded here on paper my chills and thrills   and spills.

Chorus 2   As Chorus 1

Solo | **Gm** | **Gm** | **Gm** | **Gm** |

                | **Gm** | **Gm** | **Gm** | **Gm** |

                | **N.C.** | **N.C.** | **N.C.** | **N.C.** ‖

Verse 3

          N.C.
It's really been some welcome, you never seem to change.

A grape to tempt your leisure, romantic gestures strange.

          Gm
My eagle flies tomorrow, it's a game I treasure dear,

          Cm   **Gm**
To seek the helpless future, my love at last   I'm here.

Chorus 3   As Chorus 1

Link | **Gm** | **Gm** ‖
            (kiss.)

Outro   ‖: **Gm** | **Gm** | **Gm** | **Gm** :‖ *Repeat to fade*

Telegram Sam

Words & Music by Marc Bolan

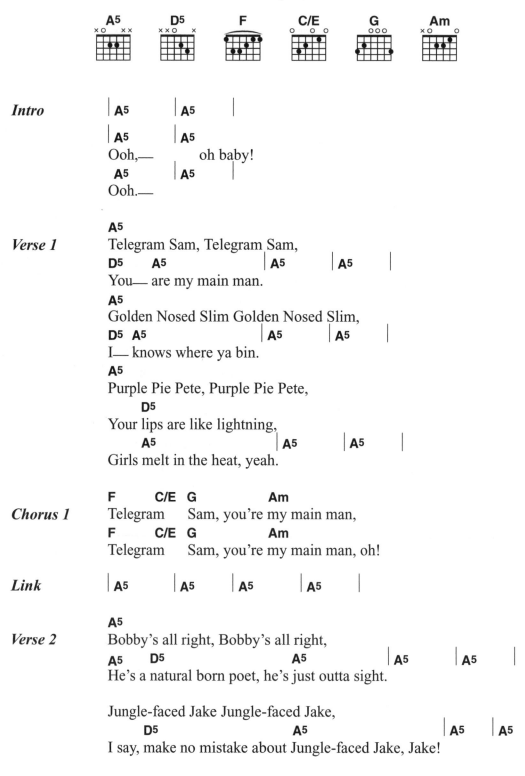

Intro

| A5 | A5 |

| A5 | A5 |
Ooh,— oh baby!
 A5 | A5 |
Ooh.—

Verse 1

A5
Telegram Sam, Telegram Sam,
D5　　A5　　　　　　| A5　　| A5 |
You— are my main man.
A5
Golden Nosed Slim Golden Nosed Slim,
D5　A5　　　　　　　| A5　　| A5 |
I— knows where ya bin.
A5
Purple Pie Pete, Purple Pie Pete,
　　　D5
Your lips are like lightning,
　　A5　　　　　　| A5　　| A5 |
Girls melt in the heat, yeah.

Chorus 1

F　　　C/E　G　　　　Am
Telegram　　Sam, you're my main man,
F　　　C/E　G　　　　Am
Telegram　　Sam, you're my main man, oh!

Link

| A5　　| A5　　| A5　　| A5 |

Verse 2

A5
Bobby's all right, Bobby's all right,
A5　　　D5　　　　　　　　A5　　| A5　　| A5 |
He's a natural born poet, he's just outta sight.

Jungle-faced Jake Jungle-faced Jake,
　　　D5　　　　　　　　A5　　　　　　| A5　| A5 |
I say, make no mistake about Jungle-faced Jake, Jake!

Chorus 2

```
F      C/E  G           Am
Telegram     Sam, you're my main man,
F      C/E  G           Am
Telegram     Sam, you're my main man.
```

(Spoken)

```
A5
    Sam's in the good stuff
```

```
| A5       | A5      | A5      | A5       |
```

Verse 3

```
A5
Bobby's all right, Bobby's all right,
        D5                      A5       | A5      | A5      |
He's a natural born poet, he's just outta sight.
A5
Automatic shoes, automatic shoes,
        D5                      A5       | A5      | A5      |
Gimme 3D vision and the California blues.
A5
Me I funk, but I don't care,
   D5                      A5
I ain't no square with my corkscrew hair.
```

Chorus 3

```
F      C/E  G           Am
Telegram     Sam, you're my main man,
F      C/E  G           Am
Telegram     Sam, you're my main man,
F      C/E  G           Am
Telegram     Sam, you're my main man.
```

Outro

```
A5
(Ooh, ooh.) Ow!
A5
   Telegram Sam,
```

```
   A5
|: Telegram Sam, I'm a howling wolf about you,

Telegram Sam, I'm a howling wolf about you.  :|
```

Repeat to fade

Theme From "Shaft"

Words & Music by Isaac Hayes

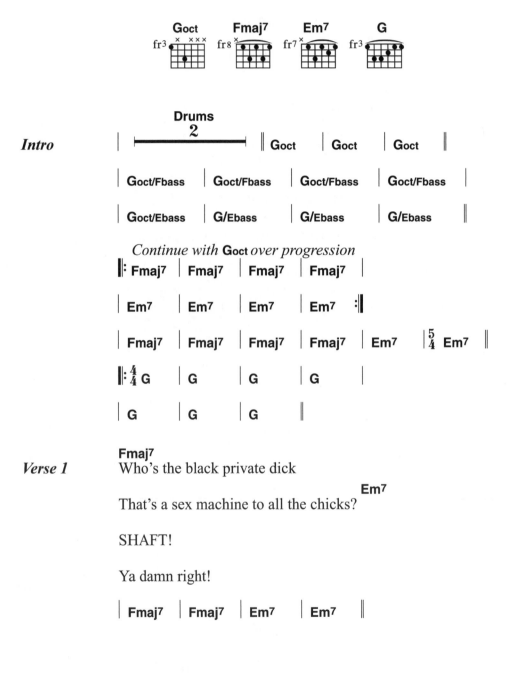

Goct fr3

Fmaj7 fr8

Em7 fr7

G fr3

Drums
2

Intro

| Goct | Goct | Goct |

| Goct/Fbass | Goct/Fbass | Goct/Fbass | Goct/Fbass |

| Goct/Ebass | G/Ebass | G/Ebass | G/Ebass |

Continue with **Goct** *over progression*

| Fmaj7 | Fmaj7 | Fmaj7 | Fmaj7 |

| Em7 | Em7 | Em7 | Em7 |

| Fmaj7 | Fmaj7 | Fmaj7 | Fmaj7 | Em7 | 5/4 Em7 |

| 4/4 G | G | G | G |

| G | G | G |

Verse 1

Fmaj7
Who's the black private dick

Em7
That's a sex machine to all the chicks?

SHAFT!

Ya damn right!

| Fmaj7 | Fmaj7 | Em7 | Em7 |

Verse 2

Fmaj7
Who is the man that would risk his neck

           Em7
For his brother man?

SHAFT!

Can you dig it?

| **Fmaj7** | **Fmaj7** | **Em7** | **Em7** | ‖

Verse 3

Fmaj7
Who's the cat that won't cop out

When there's danger all about?
Em7
   SHAFT!

Right On!

Verse 4

   Fmaj7
   They say this cat Shaft is a bad mother

SHUT YOUR MOUTH!
Em7
   I'm talkin' 'bout Shaft.

Then we can dig it!

Verse 5

     Fmaj7
He's a complicated man

             Em7
But no one understands him but his woman

JOHN SHAFT!

Outro

| $\frac{7}{4}$ **G** | **G** | ‖

| $\frac{4}{4}$ **Fmaj7** | **Fmaj7** | **Goct** | **Goct** | |

| **Fmaj7** | **Fmaj7** | **Em7** | **Em7** | **Fmaj7** | ‖

Train In Vain

Words & Music by Mick Jones & Joe Strummer

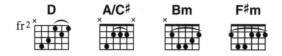

Intro ‖: A | A :‖

Verse 1
                          D A/C♯   **D A/C♯**
You say you stand   by your man,
                       D A/C♯   **D A/C♯**
Tell me some - thing   I don't under - stand.
                   D   **Bm**
You said you love me and that's a fact,
                D   **A/C♯**   **D**   **A/C♯**
Then you left me, said you felt trapped.
D   **A**
Well some things you can explain away,
      Bm   **D**
But the heartache's in me till this day.

Chorus 1
                           D   **A/C♯**
You didn't stand by me,
                D **A/C♯**
No, not at all.
                        D **A/C♯**
You didn't stand by me,
             D **A/C♯**
No way.

Verse 2

D A/C♯
All the times

            D   **A/C♯**
When we were close,

       D   **A/C♯**
I'll remem - ber

           D   **A/C♯**
These things the most.

    D   **Bm**
I see all my dreams come tumbling down

        D   **A/C♯**   **D**   **A/C♯**
I won't be happy   without you a - round.

     D   **A**
So all alone I keep the wolves at bay,

         Bm   **D**
And there's only one thing that I can say.

Chorus 2

                   D   **A/C♯**
You didn't stand by me,

           D   **A/C♯**
No, not at all.

                 D   **A/C♯**
You didn't stand by me,

         D   **A/C♯**
No way.

Bridge

         A **F♯m**
You must expl-a-i-n

Bm
Why this must be,

| **D A/C♯** | **D A/C♯** |

        A **F♯m**
Did you l - i - e

Bm
When you spoke to me?

| **D A/C♯** | **D A/C♯** |

Chorus 3
            D   **A/C#**
Did you stand by me?
         D   **A/C#**
No, not at all.

Verse 3
       D   **A/C#**
Now I got a job,
      D   **A/C#**
But it don't pay.
       D   **A/C#**
I need new clothes,
          D   **A/C#**
I need somewhere to stay.
      D   **Bm**
But with - out all these things I can do,
          D **A/C#**   **D** **A/C#**
But without your love I won't make it through.
  D   **A**
But you don't understand my point of view,
   Bm   **D**
I sup - pose there's nothing I can do.

Chorus 4
         D   **A/C#**
You didn't stand by me,
     D   **A/C#**
No, not at all.
         D   **A/C#**
You didn't stand by me,
    D   **A/C#**
No way.
         D   **A/C#**
You didn't stand by me,
     D   **A/C#**
No, not at all.
         D   **A/C#**
You didn't stand by me,
    D   **A/C#**
No way.

Bridge

              A F♯m
You must expl-a-i-n

Bm
Why this must be,

| **D A/C♯** | **D A/C♯** |

              A F♯m
Did you l - i - e

Bm
when you spoke to me?

| **D A/C♯** | **D A/C♯** |

Chorus 5

              D   A/C♯
Did you stand by me?

| **D A/C♯** | **D A/C♯** | **D A/C♯** |

             D A/C♯
Did you stand by me?

        D A/C♯
No, not at all

              D A/C♯
Did you stand by me?

        D   A/C♯
No way :‖

‖: **D A/C♯** | **D A/C♯** :‖

167

Sweet Home Alabama

Words & Music by Ronnie Van Zant, Ed King & Gary Rossington

Tune guitar slightly flat

Intro

‖: D   Cadd⁹ | G   :‖ *x4*

Verse 1

D   Cadd⁹   G
Big wheels keep on turning

D   Cadd⁹   G
Carry me home to see my kin

D   Cadd⁹   G
Singing songs about the Southland

D   Cadd⁹   G
I miss Alabama once again

And I think its a sin, yes.

Link

‖: D   C | G   :‖ *x2*

Verse 2

D   Cadd⁹   G
Well I heard mister Young sing about her,

D   Cadd⁹   G
Well, I heard ole Neil put her down

D   Cadd⁹   G
Well, I hope Neil Young will remember

D   Cadd⁹   G
A Southern man don't need him around anyhow.

Chorus 1

D   C   G   C
Sweet home Alabama

D   C   G   C
Where the skies are so blue,

D   C   G   C
Sweet Home Alabama

D   C   G F C
Lord, I'm coming home to you.

Instrumental ‖: D   C | G   :‖ *x2*

Verse 3

D   **Cadd9**   G   F   C
In Birmingham they love the gov'nor, (ooh, ooh, ooh)

D   **Cadd9**   G
Now we all did what we could do

D   **Cadd9**   G
Now Watergate does not bother me

D   **Cadd9**   G
Does your conscience bother you?

Tell the truth.

Chorus 2

D   C   G   C
Sweet home Alabama

D   C   G   C
Where the skies are so blue

D   C   G   C
Sweet Home Alabama

D   C   G
Lord, I'm coming home to you

Here I come, Alabama.

Instrumental ‖: D   C | G   :‖ *x10*

Verse 4

D   **Cadd9**   G
Now Muscle Shoals has got the Swampers

D   **Cadd9**   G
And they've been known to pick a song or two (yes they do),

D   **Cadd9**   G
Lord they get me off so much

D   **Cadd9**   G
They pick me up when I'm feeling blue

Now how about you?

Chorus 3

D   C   G   C
Sweet home Alabama

D   C   G   C
Where the skies are so blue

D   C   G   C
Sweet Home Alabama

D   C   G   F   C
Lord, I'm coming home to you.

Chorus 4

D   C   G   C
Sweet home Alabama (oh sweet home baby)

D   C   G   C
Where the skies are so blue (and the guv'nor's true)

D   C   G   C
Sweet Home Alabama (Lordy)

D   C   G
Lord, I'm coming home to you.

Outro   ‖: D C | G   :‖   *Repeat to fade*

Yeah, yeah Montgomery's got the answer.

Tumbling Dice

Words & Music by Mick Jagger & Keith Richards

A   D/A   A/C#   A/D   E   D   E7sus4

Capo second Fret

Intro

| A D/A A D/A A | A D/A A D/A A | A D/A A D/A A | A D/A A D/A |

Wo yeah! (Woo_____)

Verse 1

   A   D/A   A
Women think I'm tasty

D/A A   D/A   A   D/A
but   they're always tryin' to waste me

       A   D/A   A   D/A A   D/A A/C# A/D
And make me burn the candle right down.

     E   A   E   A
But ba - by, ba - by

    D   E
I don't need no jewels in my crown.

Verse 2

        A D/A A   D/A A D/A A   D/A
'Cause all you women is   low down gamblers

A   D/A A   D/A A D/A A
Cheatin' like I don't know   how.

     E   A   E   A
But ba - by, ba - by,

       D   E
There's fever in the funk house now.

      A D/A   A D/A A   D/A A   D/A
This low down bitchin' got   my poor feet a itchin'

A   D/A   A   D/A A   D/A A/C# A/D
Don't you know the duece is still wild.

Chorus 1

E   A   E   A   D
Ba - by, I can't stay, you got to roll____ me

   (A/C#)   (E7sus4) A   D/A A D/A A D/A A D/A
And call me the tumblin' dice.

Verse 3

A D/A A D/A A   D/A A D/A
Always in a hurry, I never stop to worry

A   D/A A   D/A A D/A A
Don't you see the time flashing by?

E A   E A
Ho - ney, got no mo - ney,

      D   E
I'm all sixes and sevens and nines

A D/A A D/A A   D/A A D/A
Say now baby, I'm the rank out - sider

A   D/A A   D/A A
You can be my partner in crime.

Chorus 2

      E A E A   D
But ba - by, I can't stay, you got to roll___ me

    (A/C♯)   (E7sus4)
And call me the tumblin'

    D   (A/C♯)   (E7sus4) A
Roll___ me and call me the tumblin' dice.

            x6

Instrumental ‖: A D/A A D/A A :‖ E A | E A | D | E |

Verse 4

      A D/A A D/A A   D/A A   D/A
Oh, my, my, my, I'm the lone crap   shooter,

A D/A A D/A A
Playin' the field every night.

Chorus 3

      E A E A
But ba - by, I can't stay, you got to

D   (A/C♯)   (E7sus4)
Roll___ me and call me the tumblin' dice

D   (A/C♯)   (E7sus4)
Roll___ me, (call me the tumblin')

      D   A   E
Got to roll me,

      D   A   E
Got to roll me,

      D   A   E
Got to roll me,

      D   A   E
Got to roll me,

      D   A   E
Got to roll me,

      D   **A**   **E**
Got to roll me, (keep on rolling)

      D   **A**   **E**
Got to roll me, (keep on rolling)

      D   **A**   **E**
Got to roll me, (keep on rolling)

      D   **A**   **E**
Got to roll me, my baby call me the tumblin' dice, yeah

      D   **A**   **E**
Got to roll me

      D   **A**   **E**
Got to roll me, baby sweet as sugar

      D   **A**   **E**
Got to roll me, yeah, my, my, my, yeah

      D   **A**   **E**
Got to roll me, oh

      D
Got to roll me (hit me), baby I'm down. . .   *(to fade)*

Walking On The Moon

Words & Music by Sting

Dm11   Dm7   Bb/C   C   Bb   F   Gm7

fr3 *fr5* *fr6* *fr8* *fr6* *fr8* *fr10*

Intro   ‖: Dm11 | Dm11 | Dm11 | Dm11 :‖   *Play 4 times*

Verse 1
Dm11   Dm7
Giant steps are what you take,
Bb/C   C
Walking on the moon.
Dm11   Dm7
I hope my legs don't break,
Bb/C   C
Walking on the moon.
Dm11   Dm7
We could walk for ever,
Bb/C   C
Walking on the moon.
Dm11   Dm7
We could live together,
Bb/C   C
Walking on, walking on the moon.

‖: Dm11 | Dm11 | Dm11 | Dm11 :‖

Verse 2
Dm11   Dm7
Walking back from your house,
Bb/C   C
Walking on the moon.
Dm11   Dm7
Walking back from your house,
Bb/C   C
Walking on the moon.

(cont.)

Dm11   **Dm7**
Feet don't hardly touch the ground,

B♭/C   **C**
Walking on the moon.

     Dm11   **Dm7**
My feet don't hardly make no sound,

B♭/C   **C** | **Dm11** | **Dm11** ‖
Walking on, walking on the moon.

Bridge 1

     B♭   **F**   **C**
Some may say,

                Gm7   **B♭**
I'm wishing my days away.

     F   **C**
No way,

           Gm7   **B♭**
And if it's the price I pay

     F   **C**
Some say,

           Gm7   **B♭**
Tomorrow's another day.

       F
You'll stay

  C
I may as well play.

Instrumental ‖: **Dm11** | **Dm11** | **Dm11** | **Dm11** :‖

Verse 3   As Verse I

Bridge 2   As Bridge 1

Outro

  Dm11
‖: Keep it up,   keep it up. :‖   *Repeat to fade*

Watching The Detectives

Words & Music by Elvis Costello

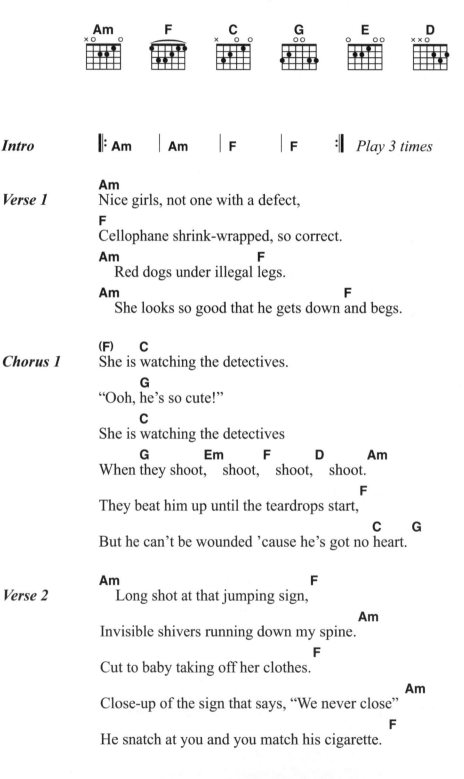

Intro ‖: Am | Am | F | F :‖ *Play 3 times*

Verse 1

Am
Nice girls, not one with a defect,
F
Cellophane shrink-wrapped, so correct.
Am   F
    Red dogs under illegal legs.
Am   F
    She looks so good that he gets down and begs.

Chorus 1

(F)   C
She is watching the detectives.
        G
"Ooh, he's so cute!"
        C
She is watching the detectives
        G   Em   F   D   Am
When they shoot,   shoot,   shoot,   shoot.

                                              F
They beat him up until the teardrops start,
                                        C   G
But he can't be wounded 'cause he's got no heart.

Verse 2

Am   F
    Long shot at that jumping sign,
                                        Am
Invisible shivers running down my spine.
                                  F
Cut to baby taking off her clothes.
                                              Am
Close-up of the sign that says, "We never close"
                                        F
He snatch at you and you match his cigarette.

cont.

                                                  Am
She pulls the eyes out with a face like a magnet.

                                    F   Am
I don't know how much more of this I can take.

                                        F
She's filing her nails while they're drag - ging the lake.

Chorus 2   As Chorus 1

        Am
Verse 3   You think you're alone until you realize you're in it.

        F
Now fear is here to stay. Love is here for a visit.

        Am
They call it instant justice when it's past the legal limit.

            F
Someone's scratching at the window. I wonder who is it?

             Am
The de - tectives come to check if you belong to the parents

            F
Who are ready to hear the worst about their daughter's disappearance.

             Am
Though it nearly took a miracle to get you to stay,

         F   C
It only took my little fingers to blow you a - way.

        G   Am
Chorus 3   Just like watching the detectives.

        C
Don't get cute!

                G
It's just like watching the detectives.

        Am   F
I get so angry when the teardrops start,

                                    C
But he can't be wounded 'cause he's got no heart.

        G   Am
Outro   Watching the detectives.

        (Am)   F
It's just like watching the detectives.

        Am   F
‖: Watching the detectives, watching the detectives. :‖

Play 4 times and fade

Werewolves Of London

Words & Music by Waddy Wachtel, Warren Zevon & Leroy Marinell

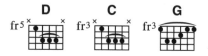

Intro

| D C | G | D C | G |

| D C | G | D C | G ||

Verse 1

D   C   G   D
I saw a were - wolf with a Chinese menu in his hand,

                C   G   D
Walkin' through the streets of Soho in the rain.

        C   G   D
He was lookin for the place called Lee Ho Fooks,

        C   G
Gonna get a big dish of beef chow mein.

Chorus 1

D   C   G
Aa - hoo, werewolves of London

D   C   G
Aa - hoo._____

D   C   G
Aa - hoo, werewolves of London

D   C   G
Aa - hoo._____

Verse 2

D   C   G   D
You hear him howlin around your kitchen door,

    C   G   D
You better not let him in.

         C   G   D
Little old lady got mutilated late last night,

           C   G
Werewolves of London a - gain.

Chorus 2   As Chorus 1

Solo | D C | G | D C | G |

| D C | G | D C | G   ‖

(He's the)

Verse 3

(G)   D   C   G
He's the hairy handed gent who ran amok in Kent,
D   C   G
Lately he's been overheard in Mayfair.
D   C   G   D
You better stay away from him, he'll rip your lungs out Jim.
        C   G
Huh, I'd like to meet his tailor.

Chorus 3   As Chorus 1

Verse 4

D   C   G   D
    Well, I saw Lon Chaney walkin' with the Queen,
        C   G   D
Doing the werewolves of London.
    C   G   D
I saw Lon Chaney Jr. walkin with the Queen,
        C   G   D
Doing the werewolves of London
        C   G   D
I saw a werewolf drinkin a pina colada at Trader Vic's,
            G
And his hair was perfect.

Outro

D   C   G D C   G
Aa - hoo,_____ werewolves of London.

Draw blood.
D   C   G D C   G   D C G
Aa - hoo,_____ werewolves of London.   *Fade out*

179

Wow

Words & Music by Kate Bush

Chord diagrams: Am9, Fmaj7(13), G6, Dm, C, Bm, G, D5, D5(9), B♭, Gm, A♭, Fm, C/B, Am, D, Bm7, F, D5/C, C/G

Intro

‖: Am9 | Fmaj7(13) | Am9 | Fmaj7(13) :‖

Verse 1

Am9   Fmaj7(13)
We're all alone on the stage tonight,
G6   Dm C Bm
We've been told we're not af - raid of you,
Am9   Fmaj7(13) G
We know all our lines so well, ah - ha,
          D5
We've said them so many times,
C   Bm
Time and time a - gain,
C   Bm
Line and line a - gain.

Pre-chorus 1

B♭   Gm
Ooh yeah, you're a - mazing,
A♭   Fm
We think you're in - credible,
B♭   Gm
You say we're fan - tastic,
A♭   Fm
But still we don't head the bill,

Chorus 1

C   C/B   Am   G
Wow o wow o wow o wow o wow o wow
      D   C Bm7
Unbe - lievable.

cont.
    C   C/B   Am   G
Wow o wow o wow o wow o wow o wow
        D   C Bm⁷
Unbe - lievable.

Verse 2

Am   F
   When the actor reach - es his death,
           G   Dm   C Bm
You know   it's not for real, he just holds his breath,
Am   F   G
   But he always dives too soon, too fast to save himself,
                    D5   D5/C
He'll never make the screen,
                Bm⁷   D5(9) Dm D5(9)
He'll never make "The Sweeney",
D5/C   Bm   D5(9) Dm D5(9)
Be that movie queen,
D5/C   Bm
He's too busy hitting the vaseline.

Pre-chorus 2

B♭   Gm
   Ooh yeah, you're a - mazing,
A♭   Fm
   We think you are really cool,
B♭   Gm
   We'd give you a part my love,
A♭   Fm
   But you'd have to play the fool.

Chorus 2

C   C/B   Am   G
Wow o wow o wow o wow o wow o wow
        D   C Bm⁷
Unbe - lievable.
C   C/B   Am
Wow o wow o wow o wow o wow o wow
G   D   C Bm⁷
Unbe - lievable.

Outro

Am   F
   We're all alone on the stage tonight,
Am   F
   We're all alone on the stage
Am   G D5 Am G D5 Am C/G
   Tonight,_____
Fm   Am
Oo_____

You Can Get It If You Really Want

Words & Music by Jimmy Cliff

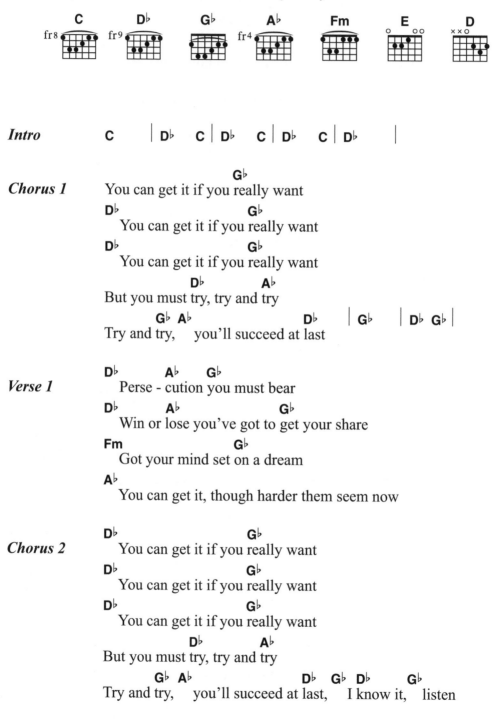

Intro

C | D♭ C | D♭ C | D♭ C D♭ | |

Chorus 1

                   G♭
You can get it if you really want

D♭   **G♭**
  You can get it if you really want

D♭   **G♭**
  You can get it if you really want

           D♭   **A♭**
But you must try, try and try

        G♭ A♭   **D♭** | **G♭** | **D♭ G♭**|
Try and try,   you'll succeed at last

Verse 1

  D♭   **A♭**   **G♭**
  Perse - cution you must bear

D♭   **A♭**   **G♭**
  Win or lose you've got to get your share

Fm   **G♭**
  Got your mind set on a dream

A♭
  You can get it, though harder them seem now

Chorus 2

  D♭   **G♭**
  You can get it if you really want

  D♭   **G♭**
  You can get it if you really want

  D♭   **G♭**
  You can get it if you really want

           D♭   **A♭**
But you must try, try and try

        G♭ A♭   **D♭ G♭ D♭**   **G♭**
Try and try,   you'll succeed at last,   I know it,   listen

Verse 2

D♭   A♭   G♭
Rome was not built in a day

D♭   A♭   G♭
Oppo - sition will come your way

Fm   G♭
But the hotter the battle you see

A♭
It's the sweeter the victory, now

Chorus 3

D♭   G♭
You can get it if you really want

D♭   G♭
You can get it if you really want

D♭   G♭
You can get it if you really want

            D♭   A♭
But you must try, try and try

         G♭ A♭   (D♭)
Try and try,   you'll succeed at last.

‖: D♭ | E | G♭ | A♭ G♭ E D :‖
(last)

Chorus 4

D♭   G♭
You can get it if you really want

D♭   G♭
You can get it if you really want

D♭   G♭
You can get it if you really want

            D♭   A♭
But you must try, try and try

         G♭ A♭   D♭ G♭ D♭
Try and try,   you'll succeed at last,   I know it.

Outro

‖: G♭   D♭
    Don't I show it

G♭   D♭
So don't give up now. :‖ *Repeat to fade*

When The Levee Breaks

Words & Music by Joe McCoy

Capo first fret

Intro

Drums for two bars

Verse 1

      E(riff)
If it keeps on rainin'

Levee's goin' to break.
A   E(riff)
If it keeps on rainin'

Levee's goin' to break.
A   E(riff)
When the levee breaks
              E(riff)   A   E(riff)
I have no place to stay.

A E(riff)
  Mean old levee

Taught me to weep and moan – Lord,
A E(riff)
  Mean old levee

Taught me to weep and moan.

cont.

A E(riff)
It's got what it takes

To make a mountain man leave his home
             A E(riff)
Oh well, oh well, oh well.

Instrumental   ‖: **C/G D/A** | **G E5 G E5** :‖ $x2$

       ‖: **E* B/E** | **Aadd9/E B/E D E*** :‖ $x2$

Bridge

     E*
Don't it make you feel bad
        B/E
When you're tryin' to find your way home
  Aadd9/E   **B/E   D E***
You don't know which way to go.

If you're goin' down South
      B/E
Then there's no work to do,
      Aadd9/E   **B/E D E***
If you're going down Chica - go.

Instrumental   ‖: **E* B/E** | **Aadd9/E B/E D E*** :‖ $x2$

       ‖: **E(riff)** | **E(riff)   A** :‖ $x3$

       ‖: **E(riff) A** | **E(riff)** :‖ **E(riff) A** | **E(riff) A** | $x3$

       ‖: **C/G D/A** | **G E5 G E5** :‖ **(E5)** | $x2$

Verse 2

E(riff)
Cryin' won't help you

Prayin' won't do you no good.
    A E(riff)
Now,   cryin' won't help you

Prayin' won't do you no good.

cont.

A   **E(riff)**
When the levee breaks

Mama you got to move.
       A | **E(riff)**   **A** | **E(riff)** |
Ooo.

E(riff)
All last night
           A   **E(riff)**
Sat on the levee and moaned.

All last night
           A   **E(riff)**
Sat on the levee and moaned.

Thinkin' 'bout my baby
          A E(riff)
And my happy home
    A
Oh.

                          x2
Instrumental ‖: **C/G** **D/A** | **G** **E5** **G** **E5** :‖

                          x6
  ‖: **E*** **B/E** | **Aadd9/E** **B/E** **D** **E*** :‖

E(riff)   **A**   **E(riff)**
Outro   Goin' – goin' to Chicago
                    A
Goin' to Chicago,
E(riff)
   Sorry but I can't take you.
             A   **E(riff)**
Going down, going down now

Going down, going down now, going down,
A   **E(riff)**
Going down, going down
          (A)
Going down.

                          x5
  ‖: **E(riff)**   **A** | **E(riff)**   **A** :‖

  | **E(riff)**   **A** | **Em7**   ‖

You Took The Words Right Out Of My Mouth (Hot Summer Night)

Words & Music by Jim Steinman

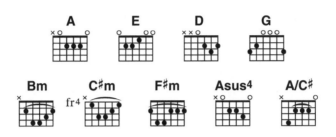

Spoken:

Boy: On a hot summer night,
        would you offer your throat to the wolf with the red roses?

Girl: Will he offer me his mouth?

Boy: Yes.

Girl: Will he offer me his teeth?

Boy: Yes.

Girl: Will he offer me his jaws?

Boy: Yes.

Girl: Will he offer me his hunger?

Boy: Yes.

Girl: Again, will he offer me his hunger?

Boy: Yes!

Girl: And will he starve without me?

Boy: Yes!

Girl: And does he love me?

Boy: Yes.

Girl: Yes.

Boy: On a hot summer night,
        would you offer your throat to the wolf with the red roses?

Girl: Yes.

Boy: I bet you say that to all the boys!

Intro   ‖: A   E | D | D | E   :‖

Verse 1

```
                 A              E      D
It was a hot summer night and the beach was burning,
E       A            E    D
There was fog crawling over the sand.
E       A            E       D
When I listen to your heart I hear the whole world turning,
 G                        Bm    C#m D   E    A
I see the shooting stars falling through your  trembling hands.
```

Verse 2

```
                 A              E      D
You were licking your lips and your lipstick shining,
     A             E D
I was dying just to ask for a  taste.
         A            E   D
We were lying together in a silver lining
       G
By the light of the moon.
                 Bm   C#m  D  E
You know there's not another moment,
Bm    C#m  D  E    Bm   C#m  D  E        A
Not another moment, not another moment to waste.
```

Pre-chorus 1

```
              Bm       F#m       G         A
Well, you hold me so close that my knees grow weak
         Bm            D      A
But my soul is flying high above the ground.
     Bm       F#m      G          A
I'm trying to speak but no matter what I do
  F#m            Bm          E
I just can't seem to make any sound.
```

Chorus 1

```
                 D                           Asus4  A
‖: And then you took the words right out of my mouth.
     G                          A
Oh it must have been while you were kissing me.
     D                          Asus4    A
You took the words right out of my mouth.
         Bm    C#m  D
Oh and I swear it's   true,
E   F#m E     A  A/C# D         F#m   E       :‖
I was just about to say I      love you (love  you).
```

Verse 3

```
         A              E    D
Now my body is shaking like a wave on the water
E    A                    E    D
And I guess that I'm beginning to  grin.
         A              E    D
Oh we're finally alone and we can do what we want to.
```

cont.

    G
The night is young
      Bm   C♯m   D   E
Ain't no-one gonna know where you,
  Bm   C♯m   D   E
No-one gonna know where you,
  Bm   C♯m   D   E   A
No-one's gonna know where you've been.

Verse 4

        A   E   D
You were licking your lips and your lipstick shining,
      A   E D
I was dying just to ask for a taste.
      A   E D
We were lying together in a silver lining
    G
By the light of the moon.
          Bm C♯m D   E A
You know there's not another moment to waste.

Chorus 2

            D   Asus⁴ A
𝄆 And then you took the words right out of my mouth.
    G   A
Oh it must have been while you were kissing me.
    D   Asus⁴   A
You took the words right out of my mouth.
      Bm   C♯m D
Oh and I swear it's   true,
E   F♯m E   A A/C♯ D   F♯m E
I was just about to say I   love you (love you). 𝄇

Coda

            A
And then you took the words
        E D
Right out of my mouth.
             (must have been while you were

      A
𝄆 You took the words
    kissing me.)
        E D
Right out of my mouth.
             (must have been while you were 𝄇 *Play 8 times*

   N.C.
𝄆 You took the words right out of my mouth,

It must have been while you were kissing me. 𝄇 *Repeat to fade*

You're The First, The Last, My Everything

Words & Music by Barry White, Tony Sepe & P. Sterling Radcliffe

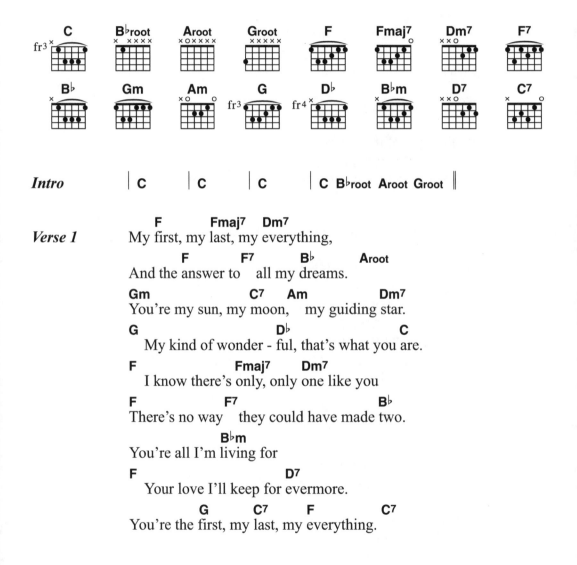

Intro | C | C | C | C B♭root Aroot Groot ‖

Verse 1

      F   **Fmaj7** **Dm7**
My first, my last, my everything,

           F   **F7**   **B♭**   **Aroot**
And the answer to   all my dreams.

Gm   **C7**   **Am**   **Dm7**
You're my sun, my moon,   my guiding star.

G   **D♭**   **C**
    My kind of wonder - ful, that's what you are.

F   **Fmaj7**   **Dm7**
    I know there's only, only one like you

F   **F7**   **B♭**
There's no way   they could have made two.

          B♭m
You're all I'm living for

F   **D7**
    Your love I'll keep for evermore.

          G   **C7**   **F**   **C7**
You're the first, my last, my everything.

Verse 2

     F   **Fmaj7**   **Dm7**
In you I've found so many things,

     F   **F7**   **B♭**   **Aroot**
A love so new, only you could bring.

Gm   **C7**
Can't you see if you,

Am   **Dm7**
  You'll make me feel this way,

G   **D♭**   **C**
You're like a first morning dew   on a brand new day.

F **Fmaj7** **Dm7**
I see so many ways that I

F   **F7**   **B♭**
Can love you, till the day I die...

            B♭m   **F**   **D7**
You're my reality,   yet I'm lost in a dream.

G   **C7**   **F**   **C7**
  You're the first, my last, my everything.

Instr.

F	F	Fmaj7	Fmaj7
F7	F7	B♭	B♭
B♭	B♭m	F	D7
G	C7

Verse 3

    F   **Fmaj7**   **Dm7**
  I know there's only, only one like you

F   **F7**   **B♭**
There's no way   they could have made two.

                 B♭m
Girl, you're my re - ality.

F   **D7**
  But I'm lost in a dream,

G   **C7**   **F**
  You're the first, my last, my everything.

Outro   ‖: F | F | F | F :‖ *Repeat to fade*

Relative Tuning

The guitar can be tuned with the aid of pitch pipes or dedicated electronic guitar tuners which are available through your local music dealer. If you do not have a tuning device, you can use relative tuning. Estimate the pitch of the 6th string as near as possible to E or at least a comfortable pitch (not too high, as you might break other strings in tuning up). Then, while checking the various positions on the diagram, place a finger from your left hand on the:

5th fret of the E or 6th string and **tune the open A** (or 5th string) to the note Ⓐ

5th fret of the A or 5th string and **tune the open D** (or 4th string) to the note Ⓓ

5th fret of the D or 4th string and **tune the open G** (or 3rd string) to the note Ⓖ

4th fret of the G or 3rd string and **tune the open B** (or 2nd string) to the note Ⓑ

5th fret of the B or 2nd string and **tune the open E** (or 1st string) to the note Ⓔ

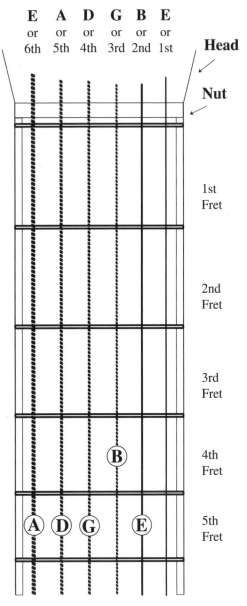

Reading Chord Boxes

Chord boxes are diagrams of the guitar neck viewed head upwards, face on as illustrated. The top horizontal line is the nut, unless a higher fret number is indicated, the others are the frets.

The vertical lines are the strings, starting from E (or 6th) on the left to E (or 1st) on the right.

The black dots indicate where to place your fingers.

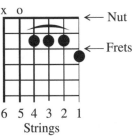

Strings marked with an O are played open, not fretted. Strings marked with an X should not be played.

The curved bracket indicates a 'barre' - hold down the strings under the bracket with your first finger, using your other fingers to fret the remaining notes.

192